Vorwort

Gärten gehören zu den sinnlichsten Genüssen unserer technisierten Welt: Farben und Duft der Blüten, tastbare Oberflächen von Pflanzen oder Rinde sowie der Klang des Windes in Zweigen und Blättern verbinden sich zu einer komplexen, sich stets verändernden Szenerie. Schon die Stimmung eines gewöhnlichen Gartens ausschließlich mit Worten zu beschreiben ist schwierig. Gänzlich versagen muss die Sprache bei wahren Gartenkunstwerken, es sei denn, man versucht, die Seele solcher Gärten literarisch einzufangen. Zu unser aller Glück gibt es die Fotografie. „Ein Bild sagt mehr als tausend Worte" – diese fernöstliche Weisheit beweist hier einmal mehr ihre Gültigkeit. Die faszinierenden Fotos dieses Buches schlagen die Brücke zwischen der Gartenwirklichkeit und dem Betrachter. Obwohl uns Fotos einen Garten zwangsläufig nur optisch präsentieren, kann die Vorstellungskraft alle übrigen Sinneseindrücke hinzufügen. So vereinen sich die realen Fotos und imaginären Bilder im Kopf zu einem Gesamteindruck der vorgestellten Gärten und – hier kommt der Textautor wieder ins Spiel – die Worte liefern die notwendigen Hilfsmittel, diese Träume in die Wirklichkeit des eigenen Gartens umzusetzen.

Wolfgang Hensel, im Januar 2004

Garten-Highlights

Faszinierende Gestaltungsideen für das ganze Jahr – Akzente, Blickpunkte und Arrangements für Ihren Traumgarten

Inhaltsverzeichnis

I Die Highlights eines Gartens — 5

Was sind Garten-Highlights? — 9
Wie erkennt man Highlights? — 12
Wie schafft man Highlights? — 17

II Der Blick von außen – Zugänge, Hecken, Zäune — 22

Zugänge — 23
Mauern — 32
Hecken — 32
Zäune — 34

III Der Blick von innen – Wege und Treppen — 38

Wege – Leitlinien durch den Garten — 42
Treppen – Höhenstufen im Garten — 53

IV Augenweiden nah und fern – Achsen und Blickpunkte — 56

Vorläufer als Vorbilder — 59
Achsen im Garten — 67
Blickpunkte — 81

V Die ruhenden Pole – Sitzplätze und Gartengebäude — 92

Sitzplätze — 95
Gartengebäude — 103

VI Wasser im Garten – beruhigend und schön — 106

VII Ideen und Tipps für die Praxis — 118

Schnitthecken und blühende Hecken — 118
Gehölze – so werden Solitärgehölze zum Highlight — 126
Kletterpflanzen-Highlights – Pflege und Tipps — 134
Gräser als Blickfang – Pflege, Schnitt und Tipps — 137
Blattschmuck-Highlights – Pflege und Tipps — 141
Highlights am Teich — 143
Highlights im Beet — 146
Highlights in Töpfen — 152

VIII Anhang — 156

Prachtvoll blühende Hortensien (Hydrangea) bilden einen spektakulären Rahmen für das stegartige Holzdeck am Wasser.

Die Gräserrotunde, eingefasst von versetzten Quadern aus Ziegelsteinen, ist ein phantastischer Blickpunkt im Garten von Piet und Anja Oudolf in Hummeloo, Niederlande.

Tagsüber sorgt der Kontrast zwischen perfekten weißen Kugeln und natürlichen Formen, nachts das Licht der Kugeln für stimmungsvolle Akzente.

Die weißen Blütenbänder der Narzissen (Narcissus) verbinden spielerisch die grünen Skulpturen.

Mäuerchen und eine dichte Hecke verstellen den Blick: Welche Überraschung erwartet den Besucher, der das Tor durchschreitet?

Die Highlights eines Gartens

Was sind Garten-Highlights?

In der Flut neuer Worte, die wir in unsere Sprache übernehmen, gibt es immer wieder einmal einen Begriff, der so treffend ist, dass man ihn im Deutschen kaum angemessen ausdrücken kann – Highlight, der „Höhepunkt" des Wörterbuchs, ist solch ein Begriff. Highlights sind in der Tat mehr als Höhepunkte: Sie sind herausragende Ideen, Kompositionen, Bauten, Pflanzen oder ganze Ensembles, die sich – im Wortsinn wie durch einen Punktscheinwerfer von oben beleuchtet – aus der Masse des Gewöhnlichen herausheben. Viele Reiseführer sind inzwischen dazu übergegangen, ihren Lesern auf wenigen Seiten die Highlights einer Region vorzustellen. Das können Städte, Bauwerke, Naturlandschaften, aber auch faszinierende Feste oder Museen sein. Reisende, die solche Highlights in ihre Reiseroute einplanen, werden einen guten Eindruck vom Land und seinen wichtigsten Sehenswürdigkeiten mit nach Hause nehmen.

In diesem Sinne sollen auch die Highlight verstanden werden, die hier in Bild und Text präsentiert werden. Das Buch stellt die wichtigsten und schönsten „Sehenswürdigkeiten" vor, denen man auf einer „Reise durch den Garten" begegnet. Solche Höhepunkte sind gewissermaßen die Drei-Sterne-Objekte im grünen Reiseführer. Sie verleihen einer durchschnittlichen Gestaltung Charakter und Flair, sorgen für aufregende Blickpunkte und setzen selbst einer scheinbar perfekt komponierten Gartenlandschaft noch ein Glanzlicht auf.

Zugegeben, eine derartige Definition ist ziemlich vage, aber gerade darin liegt die große Chance für kreatives Gestalten. Alle Bestandteile eines Gartens, von architektonischen und statischen Elementen wie Zäunen, Wegen, Bögen, Pergolen oder Sitzplätzen bis hin zu den gewachsenen

Es sind die aquarellartigen Farbtöne der Hortensienblüten (Hydrangea), die das Auge des Betrachters magisch anziehen.

lebenden Strukturen wie Beeten, Hecken oder Gehölzen haben in der Regel einen festen Platz und eine ganz bestimmte Funktion. Sobald man sie jedoch durch gestalterische Maßnahmen aus diesem Kontext löst, können sie sich in ein Highlight verwandeln: So kann ein bekanntes und bewährtes einzelnes Element, das überraschend an einem anderen Ort auftaucht, ebenso zum Highlight werden wie ein funktionell notwendiger Gartenteil, der in aufregender neuer Gestalt daherkommt.

Zwei Beispiele, die im Hauptteil ausführlicher behandelt werden, sollen diese Doppelfunktion von Gartenelementen und ihre Neubewertung erläutern: Ein Gartenweg, der von der Terrasse zu einem zweiten Sitzplatz am Gartenteich führt, erfüllt eine eindeutige Aufgabe: Er ermöglicht es dem Gartenbesitzer, rasch, sicher und bequem von einem Ort an einen anderen zu gelangen. Für seine Funktion spielt es keine wesentliche Rolle, aus welchem Material, zum Beispiel Holz-bohlen, Pflaster oder Kies, der Weg hergestellt wurde. Sobald man jedoch den Wegbelag in ein Schmuckstück verwandelt, zum Beispiel durch besonders attraktiv gemaserte Natursteine, durch geometrische Muster farbiger Pflastersteine oder durch eine abwechslungsreiche Pflasterung aus Natur- und Ziegelsteinen, zwischen denen kriechende Pflanzen wachsen dürfen, lohnt es sich, den Weg als solchen zu betrachten. Damit ist er nicht mehr nur langweiliger und notwendiger Funktionsträger, sondern kann zu einer „Gartensehenswürdigkeit" mit eigenem Reiz – zum Highlight – werden.

Wer eine grüne Hecke aus Koniferen pflanzt, bezweckt damit, sich vor neugierigen Blicken zu schützen. Die Hecke hat also eine klare und gut nachvollziehbare Aufgabe. Leider erkennen die meisten Gartenbesitzer zu spät, dass sie sich den Sichtschutz mit einem mehr als langweiligen Gartenelement erkauft haben. Wird die Struktur und Farbe dieser „grünen Mauer" jedoch durch andere, zwischengepflanzte Gehölze gebrochen – zum Beispiel durch Laub abwerfende Sträucher, attraktive Blütensträucher und Koniferen mit farbigen Nadeln – verwandelt sich Langeweile in einen bunten Heckenteppich. Dieser bietet Glanzpunkte zur Blütezeit im Frühling und Sommer, andere im Herbst, wenn sich das Laub verfärbt. Es macht wieder Spaß, seine Hecke anzuschauen, und vielleicht bekommt man sogar Lust, davor ein zur Hecke passendes, farbiges Beet anzulegen. Auch hier kann mit wenig mehr planerischem Aufwand eine Attraktion anstelle einer nur zweckmäßigen Sichtschutzmauer entstehen.

Highlights sind demnach nicht unbedingt einzelne, isolierte Objekte, sondern durchaus auch flächenhaft wirkende oder umfangreichere Bestandteile des Gartens. Sie werden deswegen zu etwas Besonderem, weil sie sich erkennbar von ihrer jeweiligen Umgebung absetzen und eine Wirkung entfalten, die eine Vielzahl von Betrachtern in ihren Bann zieht. Selbstverständlich richtet sich die Wahrnehmung solcher Blickpunkte und Akzente aber zu einem gewissen Teil auch nach persönlichen Vorlieben und wird nicht von jedem Betrachter gleich stark wahrgenommen.

Zu bestimmten Zeiten des Gartenjahres können einzelne Pflanzen, wie hier der prachtvolle Blütenhartriegel (Cornus florida), die Rolle eines Highlights übernehmen.

In diesem Sinne stellen die Fotos und Texte dieses Buches zahlreiche Highlights vor, die sich meisterliche Gartengestalter erdacht haben. Die oft einzigartigen Beispiele kreativer Gartengestaltung sollen Sie dazu ermutigen, über den eigenen Garten nachzudenken. Die Bilder sind von großer suggestiver Kraft und regen dazu an, eigene Ideen zu entwickeln. Der Text und die Tabellen im Schlussteil werden Ihnen helfen, diese Ideen im Rahmen Ihres Gartens optimal umzusetzen.

Wie erkennt man Highlights?

Vielleicht gibt es in Ihrem eigenen Garten bereits verborgene Highlights, die nur noch nicht optimal zur Geltung kommen. Man kann zwar, wie bereits ausgeführt, nur unvollkommen definieren, was ein Highlight eigentlich ist, es gibt jedoch ein untrügliches Kennzeichen – die Reaktion des Betrachters. Während man übliche Gartenelemente eher beiläufig zur Kenntnis nimmt, sollte man beim Anblick eines Highlights mit Verblüffung oder Begeisterung reagieren. Nehmen Sie sich die Zeit, Ihren Garten ganz bewusst und neu mit den Augen eines Fremden zu sehen. Setzen Sie sich auf Ihren Lieblingsplatz und lassen Sie die Blicke schweifen: Fällt Ihnen etwas auf, was die Routine durchbricht? Vielleicht ein besonders schöner Strauch, ein Durchblick, ein hübsch arrangiertes Beet, eine Gartenplastik oder eine Bank?

Denken Sie auch daran, dass manche Highlights ihre beste Schauwirkung nur zu bestimmten Jahreszeiten entfalten. Eine Forsythie *(Forsythia)* innerhalb einer Hecke wirkt das ganze Jahr über ziemlich langweilig. Ihre Stunde schlägt jedoch im Frühling, wenn sie unter den leuchtend gelben Blüten fast zu versinken scheint, während um sie herum die meisten Sträucher und Blumen noch in der Winterruhe verharren.

Wiederholen Sie diese kritische Bestandsaufnahme von allen vorhandenen Sitzplätzen aus. Ganz sicher werden Ihnen Gartenelemente auffallen, die das Potential zu einem echten Highlight haben. Manchmal reicht es bereits aus, die Umgebung eines Strauches zu verändern, um ihn während seiner besten Zeit – Blüte, Herbstlaub, skurrile Äste während des Winters – optimal zur Geltung zu bringen. Beete werden zum Beispiel durch Einrahmungen, Umrissformen oder besonders prachtvolle Stauden zum Blickfang, während ein üppig von Kletterpflanzen überwucherter Bogen oder Durchgang viel spektakulärer ist als der Anblick einer nackten Holzkonstruktion.

Machen Sie einen Spaziergang durch den Garten – das geht auch auf 200 m² – und suchen Sie nach überraschenden Blickwinkeln, Durchblicken und anderen effektvollen Situationen.

Meditation unter den leuchtenden Blüten der Japanischen Kirsche (Prunus serrulata).

Im Herbst entfachen der Ahorn (Acer japonicum) und die Japanische Kirsche (Prunus serrulata) ihr Farbfeuerwerk.

Der Raureif des Winters kann bei geeigneter Pflanzenauswahl ein Staudenbeet in ein Highlight von vergänglicher Schönheit verwandeln.

Wer seine Sinne schult, entdeckt die Schönheit auch im Kleinen. Hier liegt die Wirkung im spannungsvollen Kontrast riesiger Steinplatten zu den zarten Blüten der Schneeglöckchen (Galanthus nivalis).

Einzelstücke wie dieses Tor bilden attraktive Blickpunkte und passen in ihrer zeitlosen Schönheit zu vielen Gartenkonzepten.

Vergessen Sie nicht, auch fade oder langweilige Stellen aufzuspüren – sie könnten vielleicht durch ein Highlight aufgewertet werden. Betrachten Sie zum Abschluss Ihren Garten von außen, sofern das möglich ist. Zuwege zum Haus, Hecken oder Durchblicke auf Teile Ihres Gartens werden zur Visitenkarte, wenn man sie nur entsprechend wirkungsvoll inszeniert. Solche Highlights mit Außenwirkung tragen zwar weniger dazu bei, den Aufenthalt im eigenen Garten zu verschönern, aber jeder, der sich Ihrem Haus nähert, wird begeistert sein. Mancher zufällige Passant dürfte Sie vermutlich um Ihren schönen Garten beneiden und wird neugierig sein, welche Überraschungen die nicht sichtbaren Gartenbereiche wohl in sich bergen. Sie selbst können sich jedes Mal, wenn Sie diese Highlights sehen, auf eine entspannende Freizeit im Garten freuen. Nach Abschluss der kritischen Bestandsaufnahme folgen Planung und Gestaltung. Im Unterschied zu vielen anderen Projekten der Gartengestaltung erfordert die Errichtung eines Highlights keine umfassenden Veränderungen Ihres Gartens, sondern nur ganz gezielte und lokal begrenzte Pflanz- und/oder Umbaumaßnahmen.

Wie schafft man Highlights?

Wie man im Einzelnen vorgeht, um einen wirkungsvollen Akzent zu schaffen, wird in den Hauptkapiteln – gegliedert nach den Bereichen eines Gartens – ausführlich behandelt werden. Es gibt jedoch einige grundlegende Prinzipien, die es erleichtern, in die Planung eines Highlights einzusteigen. Diese im Folgenden ausgeführten Prinzipien sind allerdings eher als provokant formulierte Vorschläge für Gestaltungsideen zu verstehen, nicht so sehr als feste, unveränderliche Regeln. Das alles entscheidende Planungsprinzip ergibt sich bereits aus dem Wortsinn: Highlights sind einmalige, singuläre Objekte, die sich aufgrund ihrer besonderen Eigenschaften von der Umgebung abheben. Richtet man zu viele „Highlights" ein, wird der Garten eben gerade nicht um so schöner, sondern verwandelt sich in ein beliebiges Sammelsurium, in ein kitschiges Kuriositätenkabinett aus Einzelstücken, deren Wirkung sich gegenseitig aufhebt.

Weniger ist mehr

Diese alte, aber immer noch gültige Weisheit bekommt bei der Planung von Highlights somit eine zentrale Bedeutung. Eine einzige Statue, an optimaler Stelle aufgestellt, wird einen viel stärkeren Akzent setzen als eine Armee aus Gartenzwergen. Ein einzelner blühender Strauch wirkt vor oder in einer einheitlich grünen Hecke viel intensiver als ein Beet mit zahlreichen blühenden

Die perspektivische Wirkung des Gitters und der schmale Spiegel täuschen dem Auge nicht vorhandene Weite vor.

Sträuchern oder Gehölzen. Das bedeutet allerdings nicht, dass man pro Garten nur einen einzigen Akzent einplanen darf. Vielmehr wird es, je nach Zuschnitt des Gartens, darauf ankommen, das Interesse an der Gartenlandschaft durch wenige, gezielt gesetzte Höhepunkte wach zu halten. Diese dürfen sich jedoch keinesfalls gegenseitig in ihrer Wirkung beschneiden. Daraus folgt fast zwangsläufig eine Regel, die beinahe aus der modernen Werbeindustrie stammen könnte:

Präsentation ist alles

Vielfach ist es die Art der Präsentation, die einen scheinbar durchschnittlichen Bestandteil des Gartens aus seiner Beliebigkeit erhebt. Ein kleines Beet im Randbereich des Gartens fristet gewöhnlich ein Schattendasein. Es wird gepflegt, sieht sicher auch ganz hübsch aus, gehört aber zum „normalen" Garteninventar. Richtet man mit denselben Pflanzen ein kleines, durch eine Randgestaltung aus Pflanzen, Steinen oder nostalgischen Gittern besonders betontes Beet mitten in einer Rasenfläche ein, entsteht ein ungewöhnliches und aufregendes Highlight, das garantiert die Blicke auf sich ziehen wird. In vielen großartigen Gärten der Vergangenheit gehörten apsisartige Nischen aus hohen Heckenpflanzen zur Grundausstattung; in diese halbrunden Räume platzierte man eine Statue oder einen Steinsitz. Dasselbe Prinzip lässt sich mit niedrigen Buchsbaumhecken oder bogenförmig zurückweichenden Sträuchern immer noch für kleine Hausgärten nutzen.

Der Rahmen macht das Bild

Bei diesem Gestaltungsprinzip geht es darum, eine Pflanze, ein gebautes Objekt oder einen Gartenraum durch eine Einrahmung zu betonen. Solche Rahmen sind beispielsweise säulenartig wachsende oder zu Kugeln oder Kegeln geschnittene Gehölze, Bögen und pergolaartige Tore. Als Blickfang wirken sie jedoch nur, wenn Rahmen und Durchblick – also das „Bild" – zu einer Einheit verschmelzen. Je nach Situation kann dabei der Rahmen, etwa durch eine üppige Bepflanzung mit Kletterrosen, oder das „Bild", zum Beispiel ein besonders attraktiv blühender Strauch, eine Plastik oder eine Vogeltränke, zum Hauptdarsteller eines Arrangements werden. In diese Kategorie gehören übrigens auch kreisförmige oder eckige Rahmen, die in Mauern ausgespart werden und nur ganz bestimmte Durchblicke in andere Gartenteile erlauben. Besonders überraschend und wirkungsvoll – und entsprechend schwierig zu gestalten – sind solche Rahmen, wenn sich das „Bild" dem Betrachter ganz plötzlich und nur aus einem einzigen Blickwinkel eröffnet.

Masse schafft Klasse

Dieses Gestaltungsprinzip stellt nur scheinbar einen Widerspruch zur Isoliertheit eines Highlights dar. Die Wiederholung immer desselben Elementes auf kleinstem Raum ist von einer äußerst prägnanten Wirkung, die keinen Betrachter gleichgültig lässt. Einen oder zwei große Steine findet man in vielen Gärten, ohne dass sie besonders aufregend erscheinen. Lässt man diese Steine jedoch wie Inseln aus einem Meer kleiner, völlig gleichförmiger Kiesel herausragen, entsteht ein Highlight, das den Geist eines buddhistischen Steingartens atmet. Ein vielleicht näher liegendes Beispiel sind die bei vielen Gärtnern beliebten Tulpenbeete für das Frühjahr. Statt eine bunte Mischung unterschiedlicher Farben und Sorten wahllos zu verteilen, sollten Sie versuchen, möglichst viele vollständig gleichartige Tulpen auf kleinstem Raum zu massieren. Dadurch entsteht ein intensiver, flächenhafter Farbeindruck, den man nur staunend und bewundernd zur Kenntnis nehmen kann.

Exotisches macht neugierig

Wir alle sind an neuen, fremden und überraschenden Eindrücken interessiert. Diese menschliche Neugier sollte man sich auch in der Gartengestaltung zu Nutze machen. Statuen aus fremden Kulturen – zum Beispiel eine ostasiatische Steinplastik, die zwischen den Pflanzen hervorlugt – oder exotische Pflanzen jeder Form können Gewinn bringend zwischen den üblichen Elementen eines Gartens eingesetzt werden und dienen dann als Highlight. Scheuen Sie sich nicht, exotische Pflanzen – etwa ein Zitronenbäumchen in einem hübschen mediterranen Terrakottakübel – mitten in ein „normales" Staudenbeet zu platzieren. Sofern Sie genügend Platz lassen, können sich Kübel und Pflanze in einen attraktiven Hauptdarsteller verwandeln.

Brüche fallen auf

Fremdheit kann sich auch anders äußern. Wird die Uniformität einer Linie oder einer Fläche durch ein völlig anderes Objekt gestört, entsteht ein Bruch, der sofort ins Auge fällt. Ein gleichförmiges, langweiliges Mauerstück, das eine Terrasse zum Nachbargrundstück abschirmt, wird durch eine Wandplastik oder eine Gruppe von üppig wuchernden Hängepflanzen belebt und gewinnt dadurch merklich an Attraktivität. Ein Weg oder ein Holzdeck, deren Einförmigkeit durch geometrisch verlegte Elemente aufgelockert wird, erscheinen sofort lebhafter. Werden glatte Buchsbaumhecken durch Kugeln, Kegel oder andere Formen gebrochen, verwandelt sich eine grüne Linie in eine plastische Form – in ein Highlight. Es erfordert ein gewisses Gespür für eine Gartenlandschaft, solche gezielten Brüche einzubauen, ohne Harmonien zu zerstören. Doch gerade hierbei entstehen besonders reizvolle Möglichkeiten, Akzente zu setzen.

Fehl am Platz

Dieses Gestaltungsprinzip spielt mit der Fremdheit eines Objektes, das an unerwartetem Ort auftaucht. Niemand wäre überrascht, eine Schubkarre neben einem Komposthaufen zu finden. Eine alte, attraktive Schubkarre verwandelt sich jedoch mit der entsprechenden Bepflanzung in eine Skulptur – sie ist mitten auf dem Rasen eigentlich fehl am Platz und gerade deswegen ein echtes Highlight. Ähnliches gilt für Gemüse mit farbigen Blättern, das zwischen den Blüten eines Staudenbeetes für einen ungewöhnlichen Blickfang sorgt, oder für einen Strauch, der in einer Aussparung mitten in einem Holzdeck wächst. Das Experimentieren mit Objekten vom Flohmarkt, die geschickt bepflanzt und/oder überraschend platziert werden, gehört zu den spannendsten

Die Strenge des natürlichen Materials und die ruhige Steinsetzung erzeugen eine Stimmung, die an einen Meditationsgarten erinnert.

Der Fächerahorn (Acer palmatum) und seine zahlreichen Sorten sind die Quintessenz eines Solitärgehölzes – mit Wuchsform, Blättern und Herbstfarben.

Arbeiten im Garten, die allerdings oft genug in einer Art Sucht und einem couragierten Verzicht auf jedweden Geschmack enden. Die ungebremste Lust, viele solche Objekte über den Garten zu verteilen, hat selten das Zeug zum gefälligen Hingucker, sondern manchmal eher eine Tendenz zur Peinlichkeit. Vorsätzliche Stilbrüche gehören zu den schwierigsten Gestaltungsaufgaben überhaupt. Seien Sie also extrem selbstkritisch bei der Auswahl eines solchen Objektes und fragen Sie sich ehrlich, ob der Garten dadurch gewinnt oder verliert. Im Zweifelsfall gilt auch hier wieder „Weniger ist mehr".

Aufleuchtende und verlöschende Sternschnuppen

Sternschnuppen werden unter anderem auch deswegen Zauberkräfte zugetraut, weil sie selten sind und immer nur kurzfristig aufleuchten. Ihre Rolle wird im Garten von den pflanzlichen Highlights übernommen, die zu einer ganz bestimmten Jahreszeit „aufleuchten und wieder verlöschen". Die bescheidene Forsythie, die nur während des Frühjahrs Beachtung findet, wurde bereits erwähnt; Japanische Zierkirschen, Goldregen, Hortensien, eine alte englische Rose und viele andere Pflanzen verwandeln sich während ihrer Blütezeit in prachtvolle Highlights. In ihrer nur kurz andauernden Zeit als Blickpunkt liegt gleichzeitig auch ihr größter Vorteil: Während gebaute Strukturen permanent vorhanden sind, lassen sich pflanzliche Highlights nach Jahreszeiten planen, das heißt, man kann unterschiedliche Pflanzen an mehreren oder derselben Stelle des Gartens jeweils für eine ganz spezielle Zeit des Jahres einplanen. Neben blühenden Pflanzen eignen sich auch Gehölze mit attraktivem Herbstlaub oder bizarren Winterformen als Highlights, ebenso wie Stauden, Gemüse und Gräser, die sich unter dem Raureif eines Wintermorgens in eisig glitzernde Skulpturen verwandeln.

Gräser jeglicher Form wie hier das Chinaschilf (Miscanthus sinensis) bilden lang andauernde, markante Blickpunkte.

Die Klassiker der Gartenlandschaft

Im Rahmen dieser Betrachtungen dürfen natürlich in diesem Buch die klassischen Blickpunkte nicht fehlen, die in vielen historischen und modernen Gärten immer wieder mit Gewinn eingesetzt wurden und werden. Sie stehen wirklich im Brennpunkt des Gartengeschehens und sind, sofern gezielt und passend zum Gartenstil verwendet, wunderbare und perfekte Highlights. Ob es sich dabei um Statuen oder Beete, Teichbecken oder Solitärgehölze handelt, sie entfalten nur dann ihre volle Wirkung, wenn sie sich kontrastreich von der Umgebung abheben. Wie man diese Klassiker wirkungsvoll in Szene setzt und die Umgebung gestaltet, wird im Laufe dieses Buches an vielen gelungenen Beispielen nachvollziehbar erläutert.

Die Hauptkapitel des Buches sind wie eine „Reise durch den Garten" aufgebaut, die an den Grenzen und Zugängen beginnt und über Wege und Treppen fortschreitet. Der „Reisende" betrachtet die „Sehenswürdigkeiten" des Gartens durch Rahmen, Durchgänge und Durchblicke und findet schließlich Ruhe auf Sitzplätzen, an stillen Teichen oder Bachläufen. Lassen Sie sich auf dieser Reise von den Bildern aus den schönsten Gärten Englands, der Niederlande, Belgiens, Frankreichs und Deutschlands inspirieren, vielleicht um die eine oder andere Idee für ein Highlight in Ihren Garten aufzunehmen und sich und anderen damit dauerhaft eine Freude zu machen.

Das schöne schmiedeeiserne Tor mit den wundervollen Ornamenten lädt zum Gartenbesuch ein.

Der Blick von außen – Zugänge, Hecken, Zäune

Hecken, Mauern oder Zäune bilden die Grenzen eines Gartengrundstücks, sind also von innen ebenso gut sichtbar wie von außen. Damit sind sie wie kaum ein anderer Teil des Gartens den Blicken von Fremden und Nachbarn ausgesetzt und werden entsprechend wohlwollend oder kritisch bewertet. Trotz dieser starken Außenwirkung – selbstverständlich prägt auch der Anblick von innen den Eindruck einer Gartenlandschaft – legen viel zu wenige Gartenbesitzer Wert auf sorgfältig geplante Hecken oder Zäune. Statt dessen bestimmt fast immer der erwünschte Sichtschutz, auf welche Weise eine Begrenzung gestaltet wird. Das Resultat sind dichte, häufig wuchtige und in der Regel auch ziemlich langweilige Flächen aus Mauersteinen, Holz oder Koniferen.

Dabei ist es nicht besonders schwierig, eine Grenze zu gestalten, die sowohl vom praktischen wie vom ästhetischen Aspekt her überzeugt. Mit zunehmender „Durchlässigkeit" bestehen die Begrenzungen eines Gartens aus Mauerwerk, geflochtenen Holzelementen, Hecken und schließlich Zäunen aus unterschiedlichen Materialien. Die Umgestaltung zu einem Highlight mit eigenem Reiz richtet sich einerseits nach Material und Art der vorhandenen Begrenzung, andererseits natürlich nach der Bereitschaft des Gartenbesitzers, Veränderungen durchzuführen.

Zugänge

Die vielleicht einfachste Möglichkeit, einer Außengrenze mehr Pfiff zu verleihen, ist die Umgestaltung der Zugänge, das heißt der Tore, Eingänge und Zufahrten. Jeder Zugang, wie immer er auch geartet ist, unterbricht die eintönige Hecke, den Zaun oder die Mauer. Damit sind Zugänge zwangsläufig Brüche und – bei entsprechender Gestaltung – überraschende und verblüffende Elemente innerhalb einer gleichförmigen Grenzfläche. Außerdem sind sie als Durchblicke nahezu perfekt geeignet, den Rahmen für ein Gartenbild zu liefern.

Um einen einfachen Durchbruch jedoch zum wirklichen Highlight zu machen, müssen Voraussetzungen erfüllt sein, die eng vom Material und der Art der Begrenzung abhängen.

Eine Kletterhortensie (Hydrangea anomala ssp. petiolaris) in Herbstfarben unterstreicht den romantischen Charakter des Torbogens.

Rosen (Rosa) wie 'Marguerite Hilling' und 'Nevada' und der rustikale Holzzaun verströmen das Flair eines romantischen Landhausgartens.

Türen und Tore in Mauern

Mauern aus Kunst- oder Natursteinen bilden eine äußerst effektive Barriere. Es ist unmöglich für Passanten beziehungsweise Nachbarn, einen Blick ins Innere des Gartens zu erhaschen. Andererseits entsteht beim Gartenbesitzer leicht das Gefühl, von der Mauer optisch und real in seinem Garten eingeschlossen zu sein. Tore und Türen öffnen die geschlossene Mauerfläche und durchbrechen damit die gewollte oder erzwungene Isolation. Türen mit rechteckigem, vor allem aber mit halbkreisförmigem oberen Abschluss verleihen einem Mauerabschnitt das Flair eines romantischen Gartens. Man kann diesen Eindruck noch verstärken – und damit ein echtes Highlight schaffen – wenn man den Durchbruch teilweise durch eine wüchsige Kletterpflanze verdeckt. Die Blätter der Pflanzen scheinen sich wie ein luftiger Vorhang über die Öffnung zu legen; sie verschließen, sind aber gleichzeitig durchlässig und nachgiebig. Dieser Effekt lässt sich, etwas abgeschwächt, selbst dann erreichen, wenn der Durchbruch durch eine Holztür verschlossen ist. Selbstverständlich dürfen die Kletterpflanzen nicht die Funktion der Tür beeinträchtigen.

Öffnet sich die Mauer dagegen mit einem breiten, oben offenen Durchlass – etwa die Zufahrt zur Garage – kann man die Durchfahrt durch attraktive Torflügel aus Holz oder Metall in ein Highlight verwandeln. Allerdings muss das Tor perfekt zum Stil von Mauer und Haus passen.

Pflanzen als „Vorhänge" Die Kletterpflanzen werden seitlich der Tür gepflanzt und so über den Durchbruch erzogen, dass einige beblätterte oder blühende Zweige innerhalb der Öffnung gut sichtbar sind	Standort	Eigenschaften
Akebie (Akebia quinata)	○ ◐	hübsches Herbstlaub
Efeu (Hedera helix)	○ ◐ ●	äußerst robust, viele Sorten
Geißblatt (Lonicera)	○ ◐ ●	breites Angebot, Arten und Sorten, duftende Blüten
Glyzine (Wisteria)	○ ◐	wüchsige Schlingpflanze mit üppiger Blüte
Japanischer und Echter Wein (Vitis)	○ ◐	schöne Herbstfärbung
Kletterrosen (Rosa)	○ ◐ ●	breites Angebot, bestechen durch Blüten und Duft
Strahlengriffel (Actinidia kolomikta)	○ ◐	sehr wüchsig
Waldrebe (Clematis)	○ ◐ ●	sehr breites Angebot, Arten und Sorten, herrliche Blüten
Wilder Wein (Parthenocissus quinquefolia)	○	herrliches Herbstlaub

○ Sonne ◐ Halbschatten ● Schatten

Zur Blütezeit komponieren das tiefe Violett der Waldrebe (Clematis durandii) und das Blau des Eisentors ein Bild von magischer Schönheit.

Mit tänzerischer Leichtigkeit heben sich die weißen Tulpen (Tulipa 'White Triumphator') aus dem Meer der Vergissmeinnichtblüten (Myosotis) hervor.

Im Kontrast zu dem einfachen Efeu (Hedera helix) kommen die prachtvollen Blüten der Lilien (Lilium 'Sancerre') um so wirkungsvoller zur Geltung.

Selbst ein einfacher Lattenzaun, hier unterpflanzt mit gelben Sommerblumen, kann durch intensive Farbgebung zum Garten-Highlight werden.

Zu einem Wohnhaus mit geraden Linien, viel Stahl und Glas passt ein ebenso nüchternes, schnörkelloses Tor aus zeitgenössischem Material. Verspielter Pflanzenbewuchs würde dieses Bild empfindlich stören, während zu geometrischen Formen beschnittene Kübelpflanzen die Wirkung noch verstärken. Wohnhäuser im Landhausstil harmonieren dagegen mit geschwungenen Torflügeln aus Holz, vielleicht akzentuiert durch gedrechselte Köpfe oder Kletterpflanzen, die über die seitlichen Pfosten wuchern dürfen.

Türen und Tore in Hecken

Im Unterschied zu Mauern, deren Material Wucht und Schwere ausstrahlt, sind Hecken natürliche, gewachsene Barrieren mit einer gewissen Durchlässigkeit. Diese Offenheit sollte auch der Zugang durch eine Hecke widerspiegeln. Daher eignen sich leicht wirkende Torflügel aus Metall oder Holz bestens, um ein Highlight zu schaffen. Die attraktivste und leider auch teuerste Lösung sind schmiedeeiserne Torflügel, die speziell nach den Wünschen des Gartenbesitzers hergestellt werden. Die Abbildung auf Seite 22 zeigt ein Beispiel für ein solches Torgitter. Das relativ aufwändige Muster zieht die Blicke an, ohne jedoch überladen zu wirken. Als Bruch oder Überraschung in einer lockeren Hecke ist dieses Tor nicht zu schlagen – ein echtes Highlight. Die Abbildung auf dieser Seite zeigt ein ähnlich gelungenes, hübsches Tor aus Holz. Dabei würde die Lattenkonstruktion des eigentlichen Torflügels mit ihrem konkaven Abschluss vermutlich niemanden besonders faszinieren. Was diese Konstruktion jedoch zu einem Highlight macht, ist der schmale Bogen, der den Halbkreis der Lattenkonstruktion nach oben zu einem Kreis ergänzt – geringer Aufwand, große Wirkung. Während die meisten Gartenbesitzer bei Metallkonstruktionen auf die Angebote des Fachhandels zurückgreifen, kann Holz von geschickten Heimwerkern zu individuellen Türen von ganz eigenem Reiz verarbeitet werden. Einfache, gerade oder in Bauernhaus-Tradition verzierte Latten, runde oder zu symmetrischen Formen gedrechselte Stäbe eignen sich ebenso als Baumaterial wie dickere Bambusrohre. Die Latten können senkrecht oder schräg angeordnet werden, parallel verlaufen oder in Mustern auf den Türrahmen aufgeschraubt werden – lassen Sie Ihre Fantasie spielen.

Wie das Bild auf dieser Seite belegt, bietet der obere Abschluss eines Gartentores ebenfalls eine breite Palette von Möglichkeiten. Ein gerader Abschluss aus rechteckigen Latten stellt die nüchternste Möglichkeit dar; verspielter wirkt ein gerader Abschluss, wenn die Latten oben zu Halbkreisen gefräst wurden. Zugespitzte Latten erzeugen eine andere Atmosphäre als Latten, die in kleinen Spießen enden. Natürlich kann der obere Abschluss des Tores auch konkav wie auf dem Bild oder konvex, das heißt bogenförmig nach oben gewölbt, sein.

Hecken, Bögen und das zu einem Kreisbogen ausgeformte Tor bilden einen Zugang von ganz eigenem Reiz.

Besser vorher testen: die Torform und -größe

Zeichnen Sie einige Umrissformen für ein Holztor zunächst schematisch auf Papier, bis Sie eine perfekte Form gefunden haben. Übertragen Sie diese Form in eine saubere, maßstabsgerechte 1:1-Zeichnung. Dann wird das Tor in realer Größe auf einen Pappkarton, zum Beispiel altes Verpackungsmaterial aus stabiler Pappe, gezeichnet und der Umriss am besten mit einem Skalpell ausgeschnitten. Halten Sie das Papptor an seine spätere Position und überprüfen Sie Wirkung und Größe. Wollen Sie das Tor selbst bauen, können Sie die Pappe als Schablone benutzen. Ansonsten vermeidet diese 1:1-Vorlage Missverständnisse bei einer Auftragsarbeit und schützt Sie vor Enttäuschungen.

Das warme Ziegelrot der Mauer verschwindet hinter den üppig blühenden Kletterrosen (Rosa 'Bantry Bay' und 'Constance Spry').

Der Fachhandel bietet diverse fertige Tore und Türen auch für den schmaleren Geldbeutel an. Suchen Sie gezielt und in unterschiedlichen Geschäften oder auch im Internet. Es ist wirklich lohnender, zunächst ein paar Monate mit einem „Loch in der Hecke" zu leben, das dann durch ein perfektes Tor verschlossen wird, als sofort das erste beste Gartentor zu erwerben.

Tor und Hecke bilden eine besonders ästhetische Einheit, wenn beiderseits der Torpfosten ein jeweils etwa 1–2 m langes Zaunstück in oder vor der Hecke verläuft, das im selben Stil wie das Tor gehalten ist. Größere Durchlässe lassen sich entweder mit bewachsenen Bögen aus der Tabelle „Pflanzen als ‚Vorhänge'" auf Seite 24 oder durch auffallende „Wächter" rechts und links des Tores in ein Highlight verwandeln. Solche markanten Akzente stammen aus der Zeit der großen Renaissance- und Barockgärten und haben nichts von ihrem Reiz verloren. Besonders attraktiv und gleichzeitig flexibel sind geschickt platzierte Kübelpflanzen. Suchen Sie nach einem Kübel, der auffällig genug ist, die Blicke auf sich zu ziehen, aber nicht so dominant, dass er völlig von den Pflanzen ablenkt. Ideale Paare in diesem Sinne wären etwa ein Terrakottatopf in toskanischem Design, der mit einem Orangen- oder Lorbeerbäumchen bepflanzt ist, oder ein geometrisch-strenger Kübel, in dem ein zu Kugel oder Kegel beschnittener Buchsbaum wächst.

Bei Schnitthecken erzieht man die Sträucher an den Seiten des Durchgangs etwas höher, sodass sie als „Wächter" die eigentliche Hecke merklich überragen. Als Alternative bieten sich säulenförmig wachsende Sträucher an, die eine Hecke wie Torpfosten rechts und links des Zugangs abschließen:

Bis eine Eibe (Taxus baccata) diese Form erreicht hat, sind viele Jahre geduldiger Arbeit nötig; Rosen (Rosa 'Kathleen Harrop', 'Rosa Mundi' und 'Zéphirine Drouhin') bedecken die Ziegelmauer.

Immergrüne (Beispiele):
Abendländischer Lebensbaum (*Thuja occidentalis* 'Columna'), China-Wacholder (*Juniperus chinensis* 'Obelisk'), Eibe (*Taxus baccata* 'Fastigiata'-Formen), Gemeiner Wacholder (*Juniperus communis* 'Hibernica'), Lawson-Scheinzypresse (*Chamaecyparis lawsoniana* 'Columnaris' oder 'Erecta'-Formen), Rotzeder (*Juniperus virginiana* 'Skyrocket'), Sicheltanne (*Cryptomeria japonica* 'Pyramidalis'), Stechpalme (*Ilex aquifolium* 'Pyramidalis'), Weißtanne (*Abies alba* 'Pyramidalis')

Laub abwerfend (Beispiele):
Buche (*Fagus sylvatica* 'Dawyck Gold'), Eberesche (*Sorbus aucuparia* 'Fastigiata'), Hainbuche (*Carpinus betulus* 'Fastigiata'), Japanische Zierkirsche (*Prunus serrulata* 'Amanogawa'), Portugiesische Lorbeerkirsche (*Prunus lusitanica* 'Pyramidalis')

Türen und Tore in Zäunen

Zäune bilden sehr offene Grenzen, die ohne weitere Zusätze den Blicken kaum Widerstand bieten. Daher stellen Türen und Tore keine wirklichen Brüche innerhalb einer geschlossenen Fläche dar – wie bei Hecken und Mauern – sondern erscheinen nur als Sonderform des eigentlichen Zauns. Dennoch lassen sich auch Türen in Zäunen zu Highlights umgestalten, wenn man darauf achtet, sie als solche durch Bauart oder Verzierung zu betonen. Vermeiden Sie jedoch unbedingt einen vollständigen Wechsel in Material und Stil, sonst erscheint die Tür wie ein Fremdkörper, schlimmstenfalls sogar als kitschig. Eine herrschaftliche Lösung für das Torproblem zeigt die Abbildung auf Seite 36. Die Rhododendronhecke zieht in Verbindung mit dem gerade verlaufenden Fahrweg die Blicke des Betrachters perspektivisch ins Innere des Gartens. Das schmiedeeiserne Tor ist ein Kunstwerk für sich, das zudem durch zwei „Wächter" – gemauerte Torpfosten, gekrönt von antikisierenden Vasen – aufgewertet wird.

Mauern

Mauern haben nun mal die wichtige Aufgabe, Unerwünschtes fern zu halten, und tun dies besonders gut, wenn sie hoch sind. Im Extremfall erinnern sie dann leicht an die Isolation eines Gefängnishofes. Dieser Eindruck entsteht fast zwangsläufig, wenn sie den Garten nackt und unvermittelt nach außen abschließen. Das mag für den Betrachter von außen keine Rolle spielen, für den Gartenbesitzer kommt es jedoch unbedingt darauf an, die Strenge der nackten Mauerfläche durch geeignete Bepflanzung und einen attraktiven Vordergrund zumindestens von innen zu brechen. Das Bildbeispiel auf Seite 31 zeigt eine solche Lösung auf, die einen Mauerbereich in ein prachtvolles Highlight verwandelt: Zunächst wurde die Ziegelmauer im Naturzustand belassen, also nicht durch einen hellen Anstrich noch stärker ins Blickfeld des Betrachters gehoben. Die kräftigen Triebe der Kletterrose bedecken nur Teile der Mauerfläche, sodass ein unregelmäßig-fleckenhaftes Muster entsteht, das auch außerhalb der Blütezeit für genügend Abwechslung sorgt. Die Blütenfarbe auf der Mauer wird im Vordergrund durch die Rose im Beet widergespiegelt. Für einen kraftvoll Akzent – gleichzeitig für einen einseitigen Rahmen – sorgt der Formschnitt am Beetrand und in Form eines Etagenbäumchens. Mauern aus Ziegelsteinen kommen, wie das Bild belegt, am besten zur Geltung, wenn der Blick direkt auf die Ziegel fällt, die in allen möglichen Rot- und Brauntönen changieren. Verputzte, Kalkstein- oder andere Mauern werden in möglichst gedeckten Farben gestrichen. Sollte Weiß erforderlich sein, um einen dunkleren Gartenbereich aufzuhellen, sollten Sie sich für gebrochenes oder Elfenbeinweiß entscheiden. Ansonsten eignen sich alle Farben, die gut mit Pflanzen harmonieren – Dunkelgrün, Beige oder rotbraune Töne. Sie können jede Mauer mit Kletterpflanzen, Spalierobst oder einem Arrangement aus hängenden Töpfen in ein Highlight verwandeln. Das wird jedoch nur dann funktionieren, wenn Sie die eintönige Mauerfläche nicht durch eine eintönige Pflanzenfläche ersetzen. Pflanzen Sie zum Beispiel eine einzige, reich blühende Kletterpflanze und inszenieren Sie die Blüte durch ein davor liegendes Beet in den gleichen Farben. Oder kaufen Sie in einer guten Baumschule einen zum Spalier erzogenen Obstbaum und pflanzen Sie ihn so vor eine sonnige Mauer, dass Zweige und Stützen auch im Winter noch grafisch interessant aussehen.

Hecken

Die Gestaltung von Hecken gehört zu den schwierigeren Aufgaben eines Gartengestalters, insbesondere in kleinen Gärten. Anders als Mauern und Zäune, die mit minimaler Grundfläche – und entsprechend geringem Platzbedarf – für Privatsphäre sorgen, braucht eine Hecke Platz für

Das Bild zeigt die enorme Variationsbreite in der Blattgestalt der Funkien (Hosta); sie lassen wirklich keine Wünsche offen, wenn es darum geht, dunkle Bereiche vor Hecken zu gestalten.

die sich ausbreitenden Heckensträucher. Der leider allzu häufig gewählte „Kompromiss" sieht dann meist eine geschlossene Reihe aus schmalen Koniferen vor. Mit Brüchen, Überraschungen und Brennpunkten lässt sich jedoch Abhilfe schaffen. Die hier gezeigten Funkien, Hosta mit vielen Arten und Sorten, kommen mit dem Standort im Schatten von Koniferen ganz gut zurecht; sie brauchen allerdings etwas feuchteren Boden und sollten daher im Sommer regelmäßig gegossen werden. Dank ihrer stattlichen Wuchsform und den panaschierten Blättern sehen sie auch in großen Kübeln prachtvoll aus. Damit kann man sie sogar dort als Blickpunkte einsetzen, wo die Wurzeln der Heckensträucher kaum anderen Pflanzenwuchs zulassen. Auch Gartenplastiken – zum Beispiel Steinstatuen in historisierendem Stil, die zwischen Farnen herausschauen – oder eine Gruppe attraktiver Kübelpflanzen brechen die Strenge einer Koniferenhecke und können als spektakulärer Blickpunkt zum Highlight werden. Statt eine langweilige Hecke indirekt durch Blickpunkte im Vordergrund aufzuwerten, kann man sie auch direkt als prachtvollen Bestandteil des Gartenschauspiels gestalten. So wirkt eine dichte Hecke mit Sichtschutzfunktion deutlich lebhafter, wenn man sie aus Sträuchern mit unterschiedlichen

Perfekte Formensprache: Die geschwungenen Linien der formalen Eibenhecke (Taxus baccata) werden durch Efeublätter (Hedera helix) aufgelockert; die Blüten des Zierlauchs (Allium) setzen farbige Akzente im üppigen Grün.

Grüntönen komponiert, sodass der Eindruck eines lebenden Teppichs entsteht. Die Blätter von Rotbuche, Blutbuche und Hainbuche changieren bereits während der Vegetationszeit in Grün und Dunkelrot; im Herbst verändert die Hainbuche ihre Blattfarbe zu Rostrot bis Braun. Natürlich lässt sich dieser Effekt auch mit Immergrünen, wie Arten und Sorten der Lorbeerkirsche, Eibe, Stechpalme oder Lebensbaum, erzielen. Da alle genannten Sträucher Schnitt vertragen, können solche gemischten Hecken auch zu glatten Flächen beschnitten werden. Steht mehr Platz zur Verfügung, bietet sich eine gestaffelte Hecke aus unterschiedlichen Sträuchern an. An den „strategisch" wichtigen Stellen werden Immergrüne gepflanzt, die ganzjährig für Sichtschutz sorgen. In die Zwischenräume kommen einzelne, attraktive Blütensträucher, die zu bestimmten Zeiten des Jahres als blühende „Sternschnuppen" für Aufmerksamkeit sorgen. Einen wirkungsvollen Strukturkontrast und gleichzeitig eine Rahmenwirkung erzielt man mit glatt und formal beschnittenen Immergrünen, die sich markant von den locker wachsenden Blütensträuchern abheben. Solche blühenden Schmuckstücke entfalten ihre beste Wirkung, wenn zu einer bestimmten Zeit jeweils nur ein Strauch blüht („Brüche fallen auf") und sich damit optimal von der Umgebung abhebt oder wenn, wie im Fall der Hecke auf Seite 35, gleich eine Fülle von Blüten auf sich aufmerksam macht („Masse schafft Klasse").

Zäune

Zäune bilden sehr offene Grenzen, daher werden sie in der Regel nur dort angelegt, wo keine unerwünschten Einblicke zu fürchten sind – oder von Gartenbesitzern, die stolz auf ihren Garten sind. Zäune zeichnen sich durch gleichförmige, regelmäßig wiederholte Elemente aus. Wollte man versuchen, sie durch einen Wechsel der Zaunelemente zu beleben, entsteht leicht ein verwirrendes Bild. Natürlich könnte man einen Zaun durch Tore und Bögen aufwerten, doch zum Highlight wird er eher durch eine aufregende Bepflanzung. Da die Zaunelemente gleichzeitig mechanische Stütze und optischer Bestandteil der Komposition sind, sollte die Bepflanzung optimal auf Material, Bauart und Farbe abgestimmt werden. Wählen Sie daher die Pflanzen für den Bewuchs passend zur Atmosphäre des Zauns aus. Die romantisch verspielte Stimmung des blauen Metallzaunes im Bild auf Seite 25 wird von den großen Blüten der Clematis-Hybride perfekt widergespiegelt. Außerhalb der Blütezeit sind Bauart des Zaunes und sein Anstrich immer noch interessant genug, um zusammen mit den Blättern keine Langeweile aufkommen zu lassen. Auch die Wildrosen, deren Blütentriebe sich über den rustikalen Holzzaun neigen, wie in der Abbildung auf Seite 24, bilden eine atmosphärische Einheit, die an Bauernhöfe und einfache ländliche Freuden erinnern.

Blütensträucher als Blickpunkte in Hecken	Wuchshöhe	Blüten	Blütezeit
Deutzie *Deutzia* Arten und Sorten	2–3 m	große Blüten (weiß)	Mai–Juli
Feuerdorn *Pyracantha* Arten und Sorten	2–4 m	prachtvolle Beeren (gelb, orange, rot)	September–November
Flieder *Syringa* Arten und Sorten	3–5 m	zahlreiche Blüten (viele Farben)	Mai–Juli
Forsythie *Forsythia* Arten und Sorten	3–4 m	überreiche Blütenpracht (gelb)	April–Mai
Gemeiner Schneeball *Viburnum opulus* Sorten	2–4 m	große Blütenstände (weiß)	Mai–Juni
Hagebutte		(orange, rot)	August–November
Hortensie *Hydrangea macrophylla* Sorten	1–3 m	zahlreiche, große Blütenstände (weiß, rosa, blau)	Juni–August
Kerrie *Kerria japonica* Sorten	1–2 m	zahlreiche Blüten (gelb)	April–August
Pfeifenstrauch *Philadelphus* Arten und Sorten	2–4 m	große Blüten (weiß)	Juni–Juli
Rhododendron *Rhododendron* Hybriden	2–5 m	große Blütenstände (viele Farben)	April–Juni
Rose *Rosa* Wildarten und Sorten	2–4 m	große Blüten (weiß, rosa, rot)	Mai–September
Spierstrauch *Spiraea* Arten und Sorten	1–2 m	große Blüten (weiß, rosa, rot)	April–September
Weigelie *Weigela* Arten und Sorten	2–3 m	zahlreiche Blüten (rosa, rot, gelb)	Mai–Juni
Zierquitte *Chaenomeles* Arten und Sorten	1–2 m	große Blüten (weiß, rosa, rot)	April–Mai

Da die Wuchshöhen und Blütezeiten art- bzw. sortenspezifisch sind, gelten die Angaben in der Tabelle nur als Richtwerte.

Eine weitere Möglichkeit, Zäune in einen wahrhaften Blickfang zu verwandeln, bietet die Gestaltung des Zaunvordergrundes. Ähnlich wie beim Bewuchs kommt es darauf an, Zaun und Bepflanzung zu einer Einheit zu verschmelzen. Das muss nicht unbedingt im großen Stil geschehen wie bei den flächenhaft gepflanzten Prachtspieren auf Seite 37, sondern darf auch sehr bescheiden und dennoch wirkungsvoll daher kommen wie bei den weißen Lilien auf Seite 27 oder den Tulpen auf Seite 26, die sich aus einem Teppich blauer Vergissmeinnicht erheben. Das Blau der Blüten harmoniert wundervoll mit dem verwitterten Grau der Zaunbalken. Alle diese Beispiele zeigen, dass letztendlich die liebevolle Komposition aus der eigentlichen Grundstücksgrenze bereits ein zauberhaftes Stück Garten macht.

Ob einzeln oder massiert wie hier in dieser Hecke – Hortensien (Hydrangea) sind immer die Stars im Garten.

Eine wahrhaft herrschaftliche, von üppigen Rhododendronhecken gesäumte Zufahrt.

Astilben (Astilbe) kommen am besten zur Geltung, wenn sie wie hier massiert und in unterschiedlichen Farbtönen gepflanzt werden.

Zur frühlingshaften Stimmung um diesen Weg tragen nicht nur die Blüten am Boden, sondern auch der herrlich blühende Kirschbaum (Prunus serrulata) bei.

Üppig blühende Schmucklilien (Agapanthus), verschiedene Kübelpflanzen und reizvolle Accessoires sorgen für eine zauberhafte Atmosphäre.

Natursteine, zwischen denen Grün hervorlugt, eine bewachsene Treppe und als Krönung eine Wolfsmilch (Euphorbia) erzeugen eine Stimmung wie in einem antiken Gemäuer.

Der Blick von innen – Wege und Treppen

Wenn man im Bild des „Reiseführers durch den Garten" bleibt, dann entsprechen Wege und Treppen den Strecken, die ein Reisender zurücklegt. Von den Wegen aus bieten sich die besten Blicke auf die Gartenlandschaft, daher lohnt es sich stets, in einem Gartenweg mehr zu sehen als eine bequeme Verbindung zwischen zwei Punkten. Wege und Treppen sind ebenso wichtige Bestandteile des Gartens wie Gehölze oder Beete. Sie zu vernachlässigen hieße, auf entscheidende Gestaltungselemente zu verzichten.

Auch wenn sich die buddhistische Weisheit „Der Weg ist das Ziel" sicherlich nicht an Gartengestalter richtete, darf man diese Aussage in unserem Zusammenhang aus der philosophischen Ebene durchaus in die Planungspraxis übertragen: Es kommt also darauf an, die Gartenwege so anzulegen, dass sie zu Objekten mit eigenem Reiz, vielleicht sogar zu echten Highlights werden. In Gärten, die nach einem Hausbau neu angelegt werden, lassen sich Wege und Treppen ganz gezielt nach den in diesem Kapitel behandelten Grundlagen gestalten. In bestehenden Gärten sollte man versuchen, bereits vorhandene Elemente im Sinne der hier beschriebenen Grundlagen zu verbessern und zu fördern.

Die Wirkung und die Stimmung von Gartenwegen und -treppen basiert dabei zunächst auf der Wegführung, also einem Kompromiss zwischen Funktion und Ästhetik, der Art des Weges, das heißt der Materialauswahl, und schließlich auf den begleitenden Umständen wie Rahmen, Blickpunkten und Überraschungen.

Diese Gartenszene lebt von der gekonnten Kombination von Gegensätzen: Formale Buchsbaumkugeln beziehungsweise -kegel (Buxus sempervirens) in verschiedenen Größen, reich blühende Stauden und Kübelpflanzen erzeugen ein kontrastreiches, abwechslungsreiches Bild, in dem das Auge vielfach Halt findet.

Der alte Stuhl in dieser perfekt komponierten Szene ist nicht nur Sitzplatz, sondern wirkt wie eine Skulptur zwischen Pflanzen.

In diesem Arrangement spielen Kugeln – als Gefäße und Pflanzenformen – die Hauptrolle, wobei die winzigen Buchskugeln (Buxus) in den Krügen einen witzigen Akzent setzen.

Die kunstvoll rundgeschnittene Ligusterhecke (Ligustrum ovalifolium) wirkt wie der Zugang in eine andere Welt.

Gerade Linien, Buchsbaumkuppeln (Buxus) und die unregelmäßigen Formen der Calla bilden ein beruhigendes, fast kontemplatives Ensemble von großer Stimmigkeit.

Wege – Leitlinien durch den Garten

Vor allem in kleinen Gärten scheint der Gedanke, einen Weg anzulegen, nicht unbedingt einleuchtend zu sein. Warum sollte man Platten oder Steine verlegen, wenn man die paar Meter bis zum Gartenteich auch über den Rasen zurücklegen kann? Wege erzeugen jedoch als gebaute, tote Elemente starke Brüche in der lebenden, wachsenden Gartenlandschaft – diesen Effekt sollte man sich gestalterisch unbedingt zu Nutze machen. Aber auch überall dort, wo Wege erforderlich sind – als Verbindung zu einer Gartentür, zum Komposthaufen, zu einem Gartenhaus, einem zweiten Sitzplatz und so weiter – ist der kürzeste Weg nicht unbedingt der beste. Eine gute Wegführung beginnt bereits am Haus. Fast immer entspringen die Wege an der Terrasse und führen durch eine Rasenfläche zu ihrem Ziel. Ein fließender Übergang zwischen Terrasse und Weg erscheint weich und harmonisch – die Terrassenfläche scheint sich in den Garten hinein auszudehnen. Fließende Übergänge fügen sich besonders gut in Gärten ein, die ein romantisches Flair anstreben. Sie sind allerdings nur dann sinnvoll, wenn bereits die Grundfläche der Terrasse vom üblichen Rechteckschema abweicht. Zum Highlight kann solch ein Weg werden, wenn er durch eine üppige Randbepflanzung von Terrasse und Wegbeginn unterstrichen wird. Die beiden Bildbeispiele auf dieser Seite zeigen weitere Möglichkeiten auf. Der schmale Weg aus glasierten Ziegelsteinen führt um das Haus und setzt sich in den Garten hinein fort. Seine Nüchternheit – gerade Kanten, regelmäßig verlegte Steine – wird von den geometrischen Buchskugeln aufgenommen. Von einem fließenden Übergang kann hier keine Rede sein; es ist die formale Strenge, die den Reiz des Wegbeginns ausmacht. Allein die üppig blühende Calla sorgt für Ablenkung. Der grüne Torbogen im anderen Bild, begleitet von hohen, beschnittenen Hecken zelebriert einen sehr theatralischen Zugang. Wer dieses Tor durchschreitet, befindet sich auf einem Weg in eine andere Welt – in die Welt des Gartens.

Ohne die beiden imposanten Kugelbäume (Prunus fructicosa) wäre der Zugang in den hinteren Gartenbereich nicht so ungewöhnlich. Das verspielte Metalltor fungiert als wirkungsvoller Brennpunkt.

Während der Schnee unregelmäßige Formen noch bizarrer aussehen lässt, verstärkt er die Wirkung der regelmäßigen Buchsbaumkugeln (Buxus sempervirens).

Die beschnittenen Eiben (Taxus baccata) flankieren den Weg wie Wächter und bilden einen eindrucksvollen Kontrast zu den herbstlichen Buchen (Fagus sylvatica) und Roteichen (Quercus rubra).

Wie von einer Insel inmitten eines Blütenmeers überblickt die Statue auf ihrem Sockel diesen efeuumrankten Mauerwinkel.

Wie immer man den Wegbeginn auch gestaltet, ob romantisch-verspielt, nüchtern-streng oder imposant, wie im Bild auf Seite 43, er sollte auf das einstimmen, was im eigentlichen Garten folgt.

Damit beeinflusst die Art des Zugangs auch den weiteren Verlauf des Weges. Für romantische Gärten oder Gärten im Landhausstil bieten sich geschwungene Wegführungen an, deren Wendungen nicht unbedingt erahnen lassen, welche Überraschungen den Betrachter hinter der nächsten Biegung erwarten. Wege in Nutzgärten – zum Beispiel Gemüse- oder Bauerngärten – dürfen regelmäßig angelegt sein, da hier die Funktion wichtiger ist als die Schmuckfunktion des Weges. In Gärten mit einer formaleren Stimmung bieten sich gerade Wege an, die ihre Überraschungseffekte aus rechtwinkligen Richtungsänderungen und einer geschickten Randbepflanzung beziehen. Wie das Bild auf Seite 40 beweist, müssen solche formal gestalteten Gärten nicht unbedingt nüchtern wirken: Neben den Formschnittsträuchern sorgen hier viele Kübel und blühende Pflanzen für reichlich Abwechslung.

Hier ist sicher nicht der Raum, die Wegeführung im Garten erschöpfend zu behandeln, aber zumindest gibt es einige Grundregeln: In sich geschlossene Wege, die wieder zum Ausgangspunkt zurück führen, binden den Garten stärker zusammen als Wege, die an einem bestimmten Punkt enden – zum Beispiel am Gartentor oder -haus, Gewächshaus oder Sitzplatz. Wege, die gerade und zwischen einer seitlichen Bepflanzung verlaufen, schaffen deutliche Achsen und lassen dank ihrer Perspektive kleine Gärten größer erscheinen. Das nebenstehende Bildbeispiel zeigt eine weitere interessante Möglichkeit auf, Wegführungen spannender zu gestalten und damit Highlights zu schaffen. Baut man kleine „Plätze" ein – mit oder ohne Sitzgelegenheit – wird der Fluss des Weges durchbrochen. Sowohl ein Betrachter der Gartenlandschaft als auch der reale Benutzer des Weges empfinden solche Erweiterungen als ruhende Pole. Hier findet das Auge Ruhe, hier kann man innehalten, sich vielleicht auf eine Bank setzen und die Umgebung betrachten. Wird der Platz zusätzlich durch einen Kübel, eine attraktive Pflanze oder, wie hier im Bildbeispiel, durch eine Statue besonders akzentuiert, entstehen in sich geschlossene, wunderschöne Highlights. Der kleine Platz mit der Statue wäre übrigens nur annähernd so wirkungsvoll, fehlte ihm die formale Einrahmung durch die kugelig beschnittenen Buchsbäume. Sie bilden den Rahmen für den zentralen Blickpunkt.

Fast genauso wichtig wie die Wegführung durch den Garten ist der Wegbelag. Natürlich gibt es praktische und sicherheitstechnische Randbedingungen, die eingehalten werden sollten: Wege müssen breit genug sein, sie dürfen weder für spielende Kinder noch für Stöckelschuhträgerinnen zur Gefahr werden und sie sollten sich bei Regenwetter nicht in eine gefährliche Rutschbahn verwandeln. Wollte man jedoch die Sicherheit über alles stellen, bliebe nichts übrig, als den

Eingerahmt von der hohen Eibenschnitthecke (Taxus baccata) bildet dieser kreisrunde Platz mit der zierlichen Statue ein wunderschönes Highlight; die Buchsbaumkugeln (Buxus) nehmen die Rundform wieder auf.

Der Götterkopf an der Mauer bildet einen fast magischen Blickpunkt am Ende dieses Weges. Als Dach des Hohlweges fungieren die knorrigen Zweige einer alten Glyzine (Wisteria).

Hortensien (Hydrangea), ein schlichter Kiesweg und ein Terrakottatopf im Brennpunkt fügen sich zu einem Bild vollendeter Harmonie.

Die Symmetrie der steinernen Fruchtkörbe, die Treppe aus massiven Pflastersteinen und das charmante Schweinchen kommen erst in dieser Kombination wirkungsvoll zur Geltung.

Garten mit einer weichen, genoppten Gummimatte auszulegen, auf der niemand fallen oder sich wehtun könnte. Zum Glück inszeniert man Highlights als lokal begrenzte Ereignisse, das heißt, viel begangene und „gefährdete" Wege sollten mit Vorrang auf Sicherheit, Blickpunkte dagegen mit Vorrang auf Wirkung gestaltet werden. Im Folgenden wird der Schwerpunkt daher auf die „wirkungsvolleren" Wegbeläge gesetzt.

Grundsätzlich lassen sich bei Wegbelägen künstliche Materialien wie Beton von natürlichen wie Holz oder Naturstein unterscheiden. Eine Zwischenstellung nehmen Ziegelsteine ein, die aus gebrannter Erde bestehen und in ihrer unglasierten Form beinahe den Charakter von Natursteinen haben. Leider gibt es keine allgemein gültigen Regeln, die bestimmte Materialien für bestimmte Gartensituationen empfehlen. Holz ist besonders flexibel und lässt sich in einer Vielzahl von Mustern verlegen. Plankenartige Hölzer haben wegen der zwangläufig auftretenden, gerade verlaufenden Fugen eine stark grafische Wirkung. Daher sind sie bestens für moderne Architektur geeignet, vor allem, da sie durch einen Anstrich ihren Charakter verändern können. Andererseits sind naturbelassene Stammscheiben, die zwischen Rindenmulch verlegt werden, ideale Tritte für einen naturnahen Garten. Diese beiden Beispiele verdeutlichen die enorme Bandbreite, die sich bereits bei der Betrachtung nur eines Materials ergeben.

Holz, das in regelmäßigen Mustern – zum Beispiel in Diagonalen, Rauten, Quadraten – verlegt wird, zieht die Blicke stark an, kann also einen Gartenbereich dominieren. Setzen Sie solche Elemente daher sparsam und wirklich nur gezielt als Blickpunkte ein. Lange, gerade Holzplanken beeinflussen die Perspektive: Schaut man in Richtung der Planken, scheint die Entfernung zuzunehmen, blickt man quer zur Plankenrichtung, wirkt die Entfernung gestaucht. Lücken in der Beplankung sind fantastische Pflanzinseln – entweder grafisch streng mit Gräsern oder Bambus oder üppig, wenn den Pflanzen erlaubt wird, über die Ränder zu wuchern. In Kombination mit Ziegelsteinflächen erzeugen kräftige Holzplanken den Eindruck von Fachwerk, das auf dem Boden liegt – wunderschön für eine rustikale Terrasse oder einen Sitzplatz unter einer begrünten Pergola. Frostfeste Ziegelsteine sind ähnlich flexibel einsetzbar wie Holz. Als Produkt einer Brennerei sind die Steine zwar untereinander gleich, aber eben nicht identisch – die kleinen Abweichungen in Farbe und Größe machen Ziegelflächen interessant. Das bereits erwähnte Bild auf Seite 42 zeigt diesen Effekt sehr eindrucksvoll, obwohl die Steine völlig gleichmäßig verlegt wurden. Wie bei Holzdecks wirken zu viele Muster eher verwirrend als aufregend – ein Ziegelmuster wird nur dann zum Highlight, wenn es gezielt und isoliert eingesetzt wird. Einzelne Ziegel und Ziegelsteinreihen eignen sich hervorragend, um glatten Flächen mehr innere Struktur zu verleihen. Der einfache Plattenweg wie im Bild auf Seite 41 gewinnt enorm durch die Ziegelsteine; besonders einfallsreich und damit ein wahres Highlight ist die „Parkbucht" aus Ziegeln

Häufig ist es gerade die Schlichtheit des Entwurfs, der einen Weg zum Highlight macht – unbehandelte Steinplatten eingebettet in Feldsteine.

Pflanzen, die zwischen Trittsteinen und auf Treppenfugen wachsen können	Besonderheiten	Wuchshöhe
Blaukissen (Aubrieta-Hybriden)	empfindlich, nur für Treppenfugen – üppig, reich blühend	10–15 cm
Efeu (Hedera helix)	kriechende Sorten – immergrün	10 cm
Feldthymian (Thymus serpyllum)	typische Steingartenpflanze, auch andere Thymianarten	bis 10 cm
Glockenblume (Campanula)	mehrere niedrige Arten und Sorten – sortenabhängig	bis 15 cm
Grasnelke (Armeria maritima)	Polster, etwas empfindlich, nur am Rand – immergrün	bis 30 cm
Heidenelke (Dianthus deltoides)	auch an trockenen Standorten – hübsche Blüten	bis 20 cm
Katzenpfötchen (Antennaria dioica)	hübsche silbergraue Blätter (gelb)	5–15 cm
Mastkraut (Sagina subulata)	polsterförmig, etwas empfindlich	bis 25 cm
Moosphlox (Phlox subulata)	polsterförmig, robust – halbimmergrün	10–15 cm
Pfennigskraut (Lysimachia nummularia)	stark kriechend, braucht Feuchtigkeit	bis 10 cm
Stachelnüsschen (Acaena macrophylla)	typische Steingartenpflanze	10 cm
Steinkraut (Alyssum saxatile)	empfindlich, nur für Treppenfugen – üppig, reich blühend	30 cm
Trauben-Steinbrech (Saxifraga paniculata)	üppig, besser für Treppenfugen	bis 40 cm
Zweifelhafte Fetthenne (Sedum spurium)	auch andere Sedumarten, etwas empfindlich, besser für Treppenfugen	10–15 cm
Zwergmispel (Cotoneaster dammeri)	Sorten wie 'Major' oder 'Streibs Findling' – immergrün	10 cm

Wirklich dauerhaft trittfest ist keine Pflanze, obwohl die hier vorgestellten Arten einiges mitmachen. Dennoch sollte man sie nur dort als Weg- oder Treppenfugenbewuchs einplanen, wo man nicht ständig auf ihren „Köpfen" herumtrampelt.

in einem Weg als Standort für die Kübel. Von dem Materialwechsel profitiert auch der bereits erwähnte kleine Platz in der Abbildung auf Seite 47. Der gerade Ziegelweg führt auf Kreise aus Feldsteinen zu, die um das Zentrum mit der Statue zu wirbeln scheinen. Obwohl sich Natursteine wie gewachsen in einen Garten einzufügen scheinen, kann man auch sie in ein spektakuläres Highlight einbinden. Dies ist zum Beispiel möglich durch eine üppige, naturnahe Bepflanzung, die den Stein wie einen Felsen aus einem Meer von Blüten herausschauen lässt. Auch der Plattenweg auf Seite 55 spielt mit der Natürlichkeit des Materials in einer friedlichen Umgebung – ganz anders der Weg auf Seite 51. Hier ist es der harte Kontrast zwischen Feldsteinen und großen Natursteinplatten, der für Spannung sorgt, ein nahezu perfektes Beispiel für das Gestaltungsprinzip der Präsentation und Überraschung.

Zum Abschluss dieser Betrachtung noch etwas über Feinmaterialien wie Sand, Kies oder Mulch als Wegbelag. Sie sind zu unaufdringlich, um selbst zum Highlight zu werden, sorgen aber als Rahmen für eine wunderschöne Präsentation der eigentlichen Stars, zum Beispiel im Foto auf Seite 49. Die Gartenszene, die hier gezeigt wird, weist aber noch ein weiteres Gestaltungsmerkmal auf, das man zum besten Nutzen in viele Gärten integrieren kann: Wie würde man diesen Wegabschnitt empfinden, fehlte der zentral platzierte, leere Terrakottakübel? Sicher wären die Hortensien zur Blütezeit eine Pracht, was den Weg jedoch zum Highlight macht, ist die Kombination aus unaufdringlichem Belag, prächtiger Wegbegleitung und einem „Ausrufezeichen" im Zentrum des Geschehens. Der Gestalter dieses Weges hat darauf geachtet, den Kübel nicht zu bepflanzen – eine Bepflanzung würde nur von den Hortensienblüten ablenken. Außerhalb der Blütezeit könnte man diesen Kübel allerdings durch einen eingestellten, bepflanzten Container wieder stärker ins Zentrum des Interesses stellen; dann übernehmen die grünen Hortensien eine Rahmenfunktion.

Viele Abbildungen hier und in anderen Kapiteln zeigen solche Blickpunkte neben dem Weg, die unaufdringlich oder provokativ-gezielt den Betrachter auf sich aufmerksam machen; zwei gute Beispiele bieten die Abbildungen auf Seite 41: Die kugelförmigen Krüge in Kombination mit den winzigen Buchskugeln und den kugelig beschnittenen Hochstämmen bringen ein humorvolles Element ins Spiel, während der alte Stuhl zwischen den Kübeln den morbiden Charme eines alten italienischen Gartens verströmt. Auch die beiden Formschnittquader, die von -kugeln gekrönt werden, bringen ein überraschendes Element – Brüche fallen eben auf – in eine ansonsten homogene Parklandschaft wie auf Seite 45 ausdrucksstark bebildert. Übrigens behalten gut platzierte Wegbegleiter ihre Attraktivität zu allen Jahreszeiten, wie die verschneiten Formschnittkugeln auf Seite 44 eindrucksvoll demonstrieren.

Als Blickpunkte neben und in der Flucht eines Weges eignen sich viele Elemente, wie zum Beispiel Blüten- oder Formschnittpflanzen, Sitzgelegenheiten, Kübel, Vasen oder Gartenplastiken. Achten Sie darauf, sie als Brüche, Überraschungen oder Brennpunkte einzuplanen, um Spannung aufzubauen. Als Highlight kommen sie allerdings nur dann wirkungsvoll zur Geltung, wenn sie nur von bestimmten Stellen aus überraschend ins Auge fallen – und denken Sie daran, weniger ist mehr!

Wer dieser fast überwucherten Treppe folgt, scheint sich im grünen Dunkel der Sträucher zu verlieren – ein Highlight voller Charme.

Was hier im großen Stil angelegt wurde, lässt sich auch im kleinen Garten verwirklichen: Material- und Richtungswechsel einer Treppe.

Treppen – Höhenstufen im Garten

Treppen bieten so hervorragende Möglichkeiten für raffinierte Gestaltung, dass man eigentlich auch in flachen Gärten kaum auf sie verzichten kann. Sie bringen auf prägnante Weise die dritte Dimension ins Spiel, sie sind nicht nur Wege, sondern auch Sockel für eine Vielzahl von Pflanzkübeln, sie können sogar zu geheimnisvollen Elementen werden, die sich scheinbar im Nichts verlieren wie auf dem Foto auf Seite 51. Bei der Gestaltung mit Treppen oder Stufen spielt die Sicherheit zwar eine ebenso zentrale Rolle wie bei Wegen, aber ansonsten sind Ihrer Fantasie kaum Grenzen gesetzt.

Was über das Material von Wegen gesagt wurde, gilt entsprechend auch für Treppen. Natürliche Materialien, wie Holz oder Naturstein – wunderschön verwirklicht in dem Aufgang auf Seite 39 – fügen sich selbstverständlich harmonischer in den Garten ein als Betonsteine. Anders als bei Wegen, die sich den Blicken als Fläche darbieten, formen sich Treppen jedoch durch die dritte Dimension zu Skulpturen von ganz eigenem Reiz. Daher wirken sich auch Materialwechsel plastischer aus.

Eine oder zwei Stufen als Übergang von der Terrasse in den Garten, von einem Weg zum Sitzplatz oder auf einen künstlich aufgeschütteten, kleinen Steingartenhügel – Platz für Treppen ist im kleinsten Garten. Betonen Sie solche dekorativen „Minitreppen" durch ungewöhnliche Materialien oder einen Bewuchs, der zwischen den Stufen hervorlugt. Höhere Treppen, die in Hanggärten zwangsläufig erforderlich werden, sollten so angelegt werden, dass sie keinesfalls langweilig wirken. Lassen Sie gerade Abschnitte mit wenigen Stufen in kleine Podeste übergehen oder wechseln Sie die Laufrichtung der Treppe, wo das möglich ist, sodass nicht alle Stufen auf einmal sichtbar sind.

Tipp!

In manchen Gartencentern, Baumärkten oder direkt beim Erzeuger finden Sie Flächen mit musterhaft verlegten Ziegeln oder Betonformsteinen. Halten Sie dieses Angebot bitte nicht für das Nonplusultra. Bevor Sie sich entscheiden, sollten Sie vielleicht einen historischen Baustoffhandel oder eine Großgärtnerei besuchen, um auch andere Bodenbeläge kennenzulernen. Ein wahrer Ideen-Pool dafür sind auch Bundes- und Landesgartenschauen.

Nutzen Sie bei neu angelegten Treppen die Möglichkeit, flankierende Steine als Sockel für Pflanzgefäße und Plastiken einzuplanen wie auf Seite 50. Bei bestehenden Treppen ist dies nur dann möglich, wenn Sie das Originalmaterial der Treppe noch nachkaufen können, sonst entsteht ein zu starkes Ungleichgewicht zwischen Treppe und „Geländer", das von dem geplanten Effekt ablenkt. Ausnahmen sind Holztreppen, die man gut mit Natursteinen kombinieren kann.

Eine besonders einfache und trotzdem eindrucksvolle Möglichkeit, Treppen oder Stufen in Highlights zu verwandeln, sind paarweise zu Füßen der Treppe platzierte „Wächter". Sie wirken einerseits wie ein Rahmen, sind aber andererseits attraktive Blickpunkte. Hübsch bepflanzte Terrakottakübel, glasierte Tonvasen oder geometrische Holz- oder Metallkübel sind dazu ebenso gut geeignet wie schmal-säulenförmig oder kugelig wachsende Sträucher.

Bei aller Freude über die Vorzüge von Treppen bei der Gestaltung von Gärten sollte aber nicht völlig außer Acht lassen, dass man Treppen eventuell auch im Winter bei Glätte oder mit Gartengeräten passieren muss. Der Idealfall einer ohne Not angelegten Treppe ist eine alternative Umgehungsmöglichkeit für solche Fälle – vielleicht ein willkommener Grund einen weiteren schönen Weg im Garten anzulegen. Ebenfalls aus Not eine Tugend kann man mit einer Treppenbeleuchtung machen. Gerade einzelne Stufen sind für Gäste unangenehme Stolperfallen, weil sie in der Dunkelheit kaum zu erahnen sind. Die Belohnung für diesen Aufwand kommt sozusagen von selbst. Beleuchtete Treppen schaffen in der Dunkelheit ein ganz besonderes Highlight, weil sie den Garten wirklich plastisch gestalten. Natursteine und Ziegel zeigen sich zudem, wenn sie angestrahlt werden, in einem sehr angenehmen und warmen Farbton und bieten dem Auge zum Beispiel beim abendlichen Blick von der Terrasse in die Dunkelheit einen attraktiven Halt.

Fast wie in der Natur schlängelt sich dieser Plattenweg zwischen den Pflanzen hindurch; zur Zeit blühen die Etagenprimeln (Primula 'Miller's Crimson'), die einen Blickfang in diese naturnahe Teichsituation wirken.

Augenweiden nah und fern – Achsen und Blickpunkte

Mit der Gestaltung von Achsen und Blickpunkten wagt man sich auf ein Feld, das berühmte Gartenarchitekten seit Jahrhunderten beackern. Solche großen Vorbilder bieten die einmalige Chance, sich durch Bilder oder, besser noch, durch persönliche Besuche historischer Gärten inspirieren zu lassen. Andererseits stecken darin auch Gefahren, da man sich leicht durch zu viel Professionalität abschrecken lässt. „Das bekomme ich nie hin", werden viele Gartenbesitzer denken. Hinzu kommt, dass manche der Gärten, die mit den Elementen von Achse und Blickpunkt spielen, in sehr großem Maßstab angelegt sind und daher vielleicht eher unrealistisch wirken.

In der Tat kommt es aber gar nicht darauf an, die Werke großer Gartenarchitekten und -planer zu kopieren, sondern vielmehr darauf, aus ihren Grundprinzipien zu lernen. In diesem Sinne wird der Gebrauch von Achsen und Blickpunkten zu einem interessanten und spannenden Gestaltungselement, das man auch im kleinsten Garten äußerst vorteilhaft einsetzen kann. Ähnlich sollten auch die Abbildungen in diesem Kapitel verstanden werden. Eine Reihe der hier gezeigten Achsen und Blickpunkte sind kaum für den kleinen Garten eines Reihenhauses geeignet. Dennoch zeigen sie bestimmte charakteristische Merkmale, die sich in kleinerem Maßstab anpassen lassen.

In diese Kategorie gehört auch der von einer üppigen Rose überwucherte Portikus auf dieser Seite. Vermutlich dürften nur wenige Gartenbesitzer über das finanzielle Polster verfügen, um in einem herrschaftlichen Wohnhaus dieser Qualität zu wohnen. Reduziert man jedoch den Gestaltungsvorschlag auf seinen wesentlichen Kern, bleibt ein Eingang mit Vorbau, über den eine Kletterrose wächst. Ein Windfang aus Metall oder Holz, selbst ein robustes Spalier vor der Eingangstür bilden eine völlig ausreichende Unterlagen für eine Kletterrose. Mit verhältnismäßig geringem – finanziellen wie handwerklichen – Aufwand kann man daher den Zugang zu einem durchschnittlichen Haus in ein Highlight von ganz besonderer Qualität verwandeln. Liegt der Zugang nicht mindestens acht Stunden am Tag in der Sonne, sondern auf einer schattigeren Seite, entscheidet man sich eben für ein Geißblatt *(Lonicera)* oder eine Kletterhortensie *(Hydrangea petiolaris)*. Obwohl Achse und Blickpunkt häufig und zu bestem gegenseitigen Nutzen gemeinsam als Gestaltungselemente eingesetzt werden, muss dies nicht zwangsläufig geschehen. In der Regel bietet ein Blickpunkt – in der Flucht einer Achse – den Augen Halt. Damit zieht er die Blicke längs der Achse auf sich, steigert und intensiviert die Achsenwirkung. Dem schweifenden

Die Kletterrose (Rosa 'Pink Cloud') scheint Besitz von diesem Portikus genommen zu haben – Dornröschen lässt grüßen!

Auge scheint nichts übrig zu bleiben, als der Achsenlinie zu folgen. Fehlte ein Blickpunkt in der Flucht, wird die Wirkung dieser Achse nur qualitativ, keineswegs jedoch grundsätzlich verändert. Noch immer folgte das Auge der Leitlinie, die durch die Achse vorgegeben wird. Statt jedoch wie gebannt auf einen einzigen Brennpunkt zu starren – um es provokativ zu formulieren – wird ein Betrachter der Achse auch nach rechts und links schauen, um die Schönheiten seitlich der Achse zu genießen. Außerdem sind Achsen nicht nur Leitlinien für das Auge, sondern auch für einen Spaziergänger im Garten.

Natürlich ist auch der Umkehrschluss gültig: Ein isoliert platzierter Blickpunkt wirkt nicht als logischer Abschluss einer Achse, sondern nur aus sich selbst heraus. Das kann eine besonders schöne Pflanze in gleichförmiger Umgebung, aber auch eine überraschend auftauchende Gartenplastik oder ein Brunnen sein. Während Achsen linienhaft wirken, sind isolierte Blickpunkte von punktueller Wirkung – echte Brennpunkte, die sich mit etwas Geschick zu fantastischen Highlights gestalten lassen.

Völlig entrückt und doch nah – die Perspektive der Mauertore im Parc Canon de Mézidon verhüllt, wann der Spaziergänger die Statue erreicht.

Zur Blütezeit der Rosen (hier Rosa 'Rosarium Uetersen' und Rosa 'Johanna Röpke') verwandelt sich diese Gartenszene in einen Rausch aus duftenden Blüten und romantischen Farben.

Vorläufer als Vorbilder

Die Gestaltung mit Achsen und Blickpunkten zieht sich fast durch die gesamte Geschichte der Gartenarchitektur. Drei wichtige Epochen, die trotz der Größe ihrer jeweiligen Gärten eine prägende Rolle für die heutige Gestaltung spielen, seien hier in Kürze vorgestellt.

Renaissance

Während der Renaissance setzte sich in Malerei und anderen bildenden Künsten das Bestreben durch, Natur und Mensch möglichst naturgetreu darzustellen. In der Architektur, aber auch in der Malerei wurde die Perspektive zu einem beherrschenden Element. Türen, Treppen, Höfe und Korridore wurden entlang von Achsen aufeinander bezogen; Kirchen, Villen und Paläste entstanden nach strengen perspektivischen Regeln. Erst später kam eine Neubesinnung auf die Antike, ihre Architektur und Kunstschätze hinzu, die sich direkt oder indirekt auch in den Häusern und Gärten niederschlug.

Bezeichnenderweise ließen die Bauherren ihre Gärten von denselben Architekten gestalten, die auch für den Hausbau zuständig waren. So entstanden Gärten als „Verlängerung der Häuser ins Freie". Sie waren wie die Häuser von langen Achsen geprägt und wurden durch Querverbindungen in regelmäßig angelegte Beete *(compartimenti)* gegliedert. Der „Schmuck" dieser Gärten bestand aus in Form geschnittenen Sträuchern, die Motive aus der Architektur „in Grün" aufnahmen oder aus originalen beziehungsweise reproduzierten klassischen Statuen.

Was wir daraus lernen und für unsere kleinen Hausgärten übernehmen können, ist die Idee der regelmäßigen Binnengliederung. Gerade Wege, also Achsen, lassen sich auch im kleinsten Reihenhausgarten anlegen. Sie gliedern die Fläche in regelmäßige Abteilungen, die gleichartig oder überraschend unterschiedlich bepflanzt werden. Genau dieses Prinzip ist übrigens seit Jahrhunderten in den Kloster- und Bauerngärten verwirklicht.

In der Renaissance wurden auch die mittelalterlichen Laubengänge neu entdeckt und in den Gärten als Gestaltungselement eingesetzt – ebenfalls eine praktikable Idee für kleinere Gärten. Aus der Kombination axialer, auf das Haus bezogener Wege, akzentuiert durch Laubengänge, die Teile dieser Achsen überspannen, lassen sich auch heute noch wunderschöne, anregende Gärten gestalten.

Auch wenn sich der kleine Eros noch so anstrengt, zur Blütezeit dürfte die Aufmerksamkeit der Spaziergänger ganz sicher den Rosen (Rosa 'American Pillar', Rosa 'Orange Triumph' und Rosa 'Paul´s Scarlet Climber') gelten.

Barock

Woran erkennt auch der wenig spezialisierte Laie ein typisches Gemälde des Barock? An seiner Üppigkeit! Die gesamte Bildfläche ist erfüllt von Leben – Natur, Tiere, Menschen scheinen voller Lebenslust fast den Rahmen der Leinwand sprengen zu wollen. Diese Üppigkeit, die sich in der Architektur in zahllosen Schmuckdetails äußert, setzt sich auch im Garten fort, nicht jedoch, wie man vielleicht vermuten könnte, in wild und üppig bepflanzten Beeten, sondern in der Ornamentik der so genannten Parterres, in denen Zwergbuchsreihen in verschlungenen Mustern die Stuckmotive in den Räumen wieder aufnahmen. Allerdings herrscht dieser Trend streng genommen auch in anderen Epochen vor (klassische französische Gärten, Manierismus, Rokoko). Solche Parterres waren so konzipiert, dass man sie von oben, aus den Fenstern des Hauses sehen konnte. Spaziert man dagegen auf Kieswegen zwischen den Buchsbaumreihen hindurch, erschließen sich die ornamentalen Muster nur sehr unvollkommen. In unserem Zusammenhang

Glitzernde Eiskristalle verstärken im Gegenlicht die interessanten Strukturen der Gräser – ein Anblick von bizarrer Schönheit.

Von Meisterhand angelegt – über dem herbstlichen Beet erhebt sich ein Essigbaum (Rhus typhina) mit leuchtend roten Blättern.

Was ist Wahrheit, was Trug? Erst auf den zweiten Blick gibt sich die Wand des Hauses als Spiegel zu erkennen, der die edle Anmutung der grazilen Bambusstiele ins Endlose verlängert.

interessanter war jedoch die weitere Gestaltung der Gärten. Neben den fast filigranen Parterres legten die Architekten barocker Gärten auch großen Wert auf Blickpunkte und Sichtachsen. Vielfach schloss sich daher an die Parterres ein Gartenbereich an, in dem lange, gerade Wege wie Schneisen durch einen „wilden" – in Wirklichkeit stark gebändigten – Wald führten. An Kreuzungen oder dem Mittelpunkt von Wegsternen konnte der Blick entlang gerader, langer Achsen in die Ferne schweifen und sich in der Landschaft verlieren. Barocke Potentaten legten großen Wert darauf, dass am Abschluss dieser Achsen ein wirkliches Highlight – um einen modernen Ausdruck zu gebrauchen – zu sehen war. Zu diesem Zweck ließen sie zum Beispiel künstliche Grotten, monumentale Statuen, gelegentlich sogar eine Kirche in der Ferne erbauen. Besonders bekannt ist etwa das große Oktogon auf der Wilhelmshöhe in Kassel, dessen einzige Funktion darin bestand, als Blickpunkt zu dienen. Während das übrige Gartenprogramm mit seinen Bauwerken, Einsiedeleien, Wasserspielen und Statuen im modernen Hausgarten völlig fehl am Platze wäre, wird die Idee des Blickpunktes in der Ferne viel zu selten beachtet. In manchen Wohngebieten gibt es lohnende „Ziele" in der Entfernung, wie Kirchen, hübsche Gebäude, Bäume oder Landschaften, die man mit einer geschickt geplanten Blickachse in die Gestaltung seines Gartens mit einbeziehen kann.

Der Englische Landschaftsgarten

Nach den Epochen der Gartengestaltung, in denen es auf die künstlich und künstlerisch veränderte Landschaft ankam, gingen die Protagonisten des Englischen Landschaftsgartens einen ganz anderen Weg. Natürlich waren auch ihre Gärten in engerem Sinn „künstlich", weil sie die Natur zum Nutzen des Gartenbesitzers umgestalteten. Sie strebten jedoch ein Gartenbild an, das sich von der geometrischen Regelmäßigkeit der Renaissance- und barocken Gärten deutlich unterschied: Gärten sollten „natürliche Landschaften" widerspiegeln.

Es ist historisch interessant, dass man in der Gartenarchitektur Entwicklungslinien verfolgen kann, die im Mittelalter beginnen und über die Renaissance bis zum Barock und in die nachfolgenden Epochen reichen. Der Englische Landschaftsgarten bricht völlig mit dieser Tradition; er stellt etwas gänzlich Neues dar. Der Mensch spielt sich in diesen neuen Gärten nicht mehr als Beherrscher der Natur auf, der jegliche Pflanze in Art, Wuchs und Größe nach seinem Willen formt, sondern er ordnet sich der Natur unter. Der Architekt eines Landschaftsgartens plant zwar äußerst sorgfältig, welche Pflanze er an welche Stelle setzt, aber er lässt ihrem Wachstum weitgehend freien Lauf. Die Gehölze, die in solchen Gärten gepflanzt wurden, erreichten dementsprechend erst nach Jahrzehnten die ästhetische Wirkung, die der Planer vorgesehen hatte.

Wiesen, Gehölzgruppen, Wasserläufe, Seen, aber auch künstliche Ruinen, Häuser und bauliche Kuriositäten, die so genannten *Follies*, belebten eine Landschaft, die in dieser Form zwar nicht existierte, aber grundsätzlich existieren könnte. Wie diese Wirkung in der Realität erzielt wurde, steht auf einem ganz anderen Blatt: Man planierte große Flächen, schüttete andernorts Hügel auf, legte künstliche Gewässer an, die von prachtvollen Brücken überspannt wurden oder errichtete Tempel zu Ehren der Natur. Es gab ganze Musterbücher für Gartenarchitekten, in denen der Kunde vom „Poetenwinkel" über romantische Häuschen bis zur Kirchenfassade alle möglichen Bauwerke auswählen konnte.

Statt wie im Barock einen einzelnen, isolierten Blickpunkt in der Ferne zu konstruieren, wurde die gesamte Landschaft der Umgebung in das Gartenbild mit einbezogen. Damit sich kein „fremdes" Tier einschlich – private Rotwildherden waren allerdings in manchen großen Gärten durchaus als Staffage der „Landschaft" erwünscht – schloss man sie durch tiefe Gräben mit gartenseitig versenkten Mauern ab (die so genannten Ahas). Ahas waren vom Haus und dem Garten aus nicht sichtbar, verhinderten aber, dass die grasenden Kühe des Nachbarn das Gartengrundstück betraten. Nicht ohne Grund trug einer der berühmtesten englischen Landschaftsgärtner jener Zeit den Beinahmen *Capability* – Lancelot Brown machte wirklich in jeder Landschaft alles möglich. Gerade wegen der angestrebten Nähe zur Natur arbeiten die Gartenarchitekten des 18. Jahrhunderts mit den Gestaltungselementen von Achse und Blickpunkt. Allerdings legten sie keine schnurgeraden Wege, Alleen oder Schneisen an, sondern platzierten die Bepflanzung so geschickt, dass sich dem Besucher des Gartens immer wieder neue, überraschende Blickachsen auftaten. Man sah zwischen Bäumen und Baumgruppen auf sanft geneigte Wiesen oder Wasserflächen oder entdeckte eine speziell zu diesem Zweck und an dieser Stelle erbaute Brücke oder ein anderes Bauwerk als Blickpunkt.

Nun dürfte in unserer Zeit wohl kaum jemand einen mehrere Hektar großen Garten gestalten wollen, aber die Idee des Landschaftsgartens ist auch auf kleinem Raum tragfähig. Statt seinen Hausgarten mit ausgeprägten und linienhaften Achsen zu organisieren, kann man ihn sehr attraktiv mit gezielt eingesetzten Blickpunkten nach den Prinzipien einer Landschaft gestalten. Der Rasen wird zur Wiesenlandschaft, die durch Blickpunkte wie Solitärgehölze oder besonders prachtvolle Stauden abwechslungsreich gestaltet wird. Strauchbeete mit nur zwei oder drei Arten dienen als „Wäldchen". Es versperrt den Blick auf eine hübsch und überraschend präsentierte Gartenskulptur – für einen, der Naturphilosophie gewidmeten, Tempel dürfte wohl eher kein Platz sein. Schmale, kurze Wasserläufe, die sich plätschernd in kleine Teiche ergießen, sorgen ebenfalls für erwünschte Auflockerung. Das Merkmal solcher Gärten sind weiche, abwechslungsreiche Formen in natürlicher Zusammenstellung, denen pflanzliche Highlights oder Gartenskulpturen Spannung verleihen.

Das geöffnete Tor des Gartens mit der üppig blühenden Rose (Rosa 'Bonica') stellt die Verbindung zu einer Wiese her – eine Hecke trennt die „wilde" Natur von der gestalteten.

Am Ende des Weges wartet eine Säule; je nach Jahreszeit ist der Weg dahin unter den Zweigen des Goldregens (Laburnum) von Tulpen (Tulipa) oder Zierlauch (Allium) gesäumt.

Zur Blütezeit verwandeln sich die Rosenbögen in einen traumhaften Tunnel aus Blüten und Duft.

Achsen im Garten

Wie bereits erwähnt, sind Achsen und Blickpunkte zwar prinzipiell voneinander unabhängige Gestaltungselemente, treten in der Praxis aber häufig gemeinsam auf – Achse mit Brennpunkt in der Flucht. Der nun folgende Abschnitt befasst sich mit Achsen in jeglicher Art und Form. Selbstverständlich wird es sich nicht vermeiden lassen, weder im Text noch in den Bildbeispielen, gelegentlich dennoch auf einen Blickpunkt Bezug zu nehmen; letztere werden jedoch ausführlich im nächsten Abschnitt behandelt.

Was ist eine Achse?

Diese scheinbar so einfach zu beantwortende Frage hat durchaus ihre Tücken. Mit einer sehr allgemeinen und vereinfachten technischen Erklärung – Achsen sind gerade Verbindungen zwischen zwei Punkten – kommt man in der Gartengestaltung nicht besonders weit. Nach der Konvention versteht man unter einer Achse oder Blickachse eine gedachte Linie, die den Blick des Betrachters in eine bestimmte Richtung lenkt. Solche „gedachten" Linien können Wege sein; in diesem Fall gäbe es also ein körperlich fassbares Pendant zur unkörperlichen Achse. Achsen können andererseits aber auch durch die Bepflanzung oder Bebauung eines Gartens vorgegeben sein; in diesem Fall ergibt sich die Achse nur als Folge eines beidseitig eingeschränkten Blickes. Vielleicht erscheint diese Betrachtungsweise akademisch und wenig hilfreich für die Gestaltung, in der Tat ist jedoch die ästhetische Wirkung dieser beiden „Achsen" recht unterschiedlich.

Wege als Achsen

Um die Wirkung eines axialen Weges besser einschätzen zu können, reicht ein einfaches Experiment: Zeichnen Sie zwei parallele Linien auf ein Blatt Papier und daneben zwei Linien, die sich einander annähern. Wer seinen Zeichenkünsten nicht traut, kann sich auch auf eine gerade Straße stellen und ihr entlang schauen, oder – als letzte Möglichkeit – nach einem Foto suchen, das eine einsame Wüstenstraße in den USA oder Australien zeigt. Wie Sie auch vorgehen, es wird sich zeigen, dass Linien, die sich einander annähern, den Eindruck von Ferne vermitteln. Diese perspektivische Wirkung von Gartenwegen hat zur Folge, dass gerade Wege auch in kleinen Gärten den Eindruck von Weite erzeugen. Ein besonders extremes und damit wirkungsvolles Beispiel dieser Gestaltungstechnik zeigt das Bild auf Seite 57: Der Weg verschmälert sich immer stärker, die runden Mauertore und der Blickpunkt genau in der Flucht des Weges verstärken die Wirkung noch. Wir sehen genau, dass sich dieser Weg von uns entfernt, aber als Betrachter dieser Szene haben wir kaum eine Möglichkeit, die wahre Entfernung abzuschätzen. Wie in einer Spielszene scheint die Statue unerreichbar weit in der Ferne zu stehen. Auch der schmale Weg, der im Bild auf Seite 65 gezeigt wird, erzeugt diesen unwiderstehlichen Eindruck von Ferne. Wie dieses Beispiel belegt, sind weder besondere bauliche Maßnahmen noch komplizierte Bepflanzungstricks erforderlich. Worauf es jedoch in der Tat ankommt, ist jedoch ein beinahe mit dem Lineal gezogener Verlauf des Weges. Nur dann stellt sich die typisch perspektivische Wirkung ein. Man kann diesen Effekt sehr eindrucksvoll sehen, wenn man das Bild mit dem Bauerngarten auf Seite 64 direkt daneben vergleicht. Obwohl der Weg zwischen den Buchsbaumhecken auch hier vollkommen gerade verlegt wurde, will sich der Eindruck von Weite nicht recht einstellen. Der Grund dafür ist in der Ausstattung zu finden: Die Ziegelsteine im Wegverlauf wurden so verlegt, dass die geraden, in die Ferne verlaufenden Linien unterbrochen werden – vor allem durch die kreisförmige Weitung im Mittelgrund, deren Rundung von den beschnittenen Buchsbaumhecken nachgezeichnet wird. Auch der Querweg im Vordergrund unterbricht die perspektivische Dehnung. Dennoch ist auch dieser Bauerngarten ein wundervolles Beispiel für eine Achsenwirkung. In diesem Fall soll die Achse den Betrachter allerdings nicht in eine unerreichbare Ferne locken, sondern sie zielt darauf, seine Blicke zu lenken und ihnen immer wieder Halt zu geben. Um die erwünschte perspektivische „Fernwirkung" zu erreichen, brauchen die geraden Ränder des Weges übrigens nicht unbedingt sichtbar zu sein. Werden sie von lockeren Pflanzen überwuchert, findet das Auge „auf seinem Weg in die Ferne" viele Haltepunkte, die es zu betrachten lohnt.

Nun ist die perspektivische Wirkung eines Weges zwar ein durchaus wünschenswerter gestalterischer Trick – immerhin erscheint damit der eigene Garten größer, als er ist – aber wie verwandelt man einen solchen Weg in ein Highlight? In der Tat ist eine Wegachse an sich kaum geeignet, als Highlight zu dienen. Die in Kapitel III beschriebenen Möglichkeiten, den eigentlichen Weg aufzuwerten und damit zum Highlight zu machen, würden dessen Wirkung als Achse nur schmälern. Daher ist man in diesem Fall darauf angewiesen, die „Umgebung" der Achse ansprechender zu gestalten. Das kann mit Hilfe eines Blickpunktes in der Flucht des Weges geschehen oder durch die Betonung der Achse mit Hilfe von Pflanzen. Mittelhohe, polsterförmige Pflanzen rechts und links des Weges lenken kaum von der eigentlichen Achse ab. Sie wirken einerseits wie Kulissen für den Weg, sind andererseits zur Blütezeit aber von großem eigenen Reiz. Geeignet sind alle Arten von Stauden, die man in normalen Staudenbeeten verwendet. Allerdings

Das Gras verschwindet unter dem wunderbaren farbigen Meer aus Elfenkrokussen (Crocus tommasinianus) und weißen Schneeglöckchen (Galanthus nivalis).

Schneeglöckchen (Galanthus nivalis) können vor allem als Unterpflanzung begeistern. Sie gehören zu den ersten Blüten, die im Garten erscheinen, und kommen am besten dicht an dicht zur Geltung.

Tulpen (Tulipa 'White Triumphator'), Christrosen (Helleborus) und das Geäst der Sträucher erzeugen die Stimmung eines Frühlings in einer Gebirgslandschaft.

sollte man darauf achten, die Bepflanzung beiderseits des Weges einigermaßen symmetrisch zu halten. Das bedeutet nicht, rechts und links dieselben Pflanzenarten zu verwenden. Entscheiden Sie sich für Pflanzen desselben Typs. Sie sollten etwa dieselbe Höhe haben – ab und zu eine höhere Staude sorgt für Höhe und Abwechslung – und beiderseits des Weges auch gleichzeitig blühen. Nichts ist schlechter für eine Achsenwirkung als ein nur einseitig blühendes Beet. Der „Weg" muss in diesem Fall nicht unbedingt gepflastert oder mit anderen Materialien belegt sein. Ein gerade verlaufender Rasenweg zwischen den Blumen erfüllt dieselbe Wirkung.

Statt beiderseits des Weges ein Staudenbeet anzulegen, kann man dessen axialen Verlauf auch durch säulenförmige Gehölze betonen. Ein großes Vorbild sind zum Beispiel die von Zypressen gesäumten Straßen der Toskana. Geeignet für solche „Mini-Alleen" sind alle säulenförmig wachsenden Sträucher (siehe Seite 31). Entscheidet man sich für immergrüne Gehölze, bleibt die Achsenwirkung auch im Winter erhalten, wählt man dagegen blühende Sträucher, wechselt die Attraktivität der Allee mit den Jahreszeiten; beides hat Vor- und Nachteile. Eine immergrüne Allee kann – gerade weil sie ständig „präsent" ist – auf die Dauer langweilig wirken. Blühende Alleen, zum Beispiel aus säulenförmig wachsenden Japanischen Zierkirschen, verlieren dagegen außerhalb ihrer Prachtzeit an Attraktivität und bilden im Winter nackte Gerüste aus Zweigen.

Tipp!

Wie legt man eine perspektivische Wegachse an? Die Wirkung eines solchen Weges tritt nur dann ein, wenn der Eindruck von Ferne erzeugt wird. Ein Weg, der an einer Gartenmauer endet, kann dies sicher nicht leisten. Suchen Sie daher in der Umgebung Ihres Gartens nach einer sinnvollen Verlängerung des Weges, gewissermaßen nach einem „barocken" Blickpunkt in der Ferne – das kann übrigens auch ein Gartentor sein, das sich in der Hecke, Mauer oder im Zaun öffnet. Legen Sie zwei kräftige Seile als rechte und linke Wegbegrenzung aus und überprüfen Sie die Wirkung. Manchmal ist es sinnvoller, den Weg nicht von der Terrasse, sondern von einem anderen Sitzplatz beginnen zu lassen. Da wir unsere Gärten außerhalb des Urlaubes und der Wochenenden nur nachmittags und abends nutzen können, lohnt es sich durchaus, die untergehende Sonne mit in die Planung einzubeziehen: So könnte der Weg auf die untergehende Sonne zulaufen oder von ihr wegführen. Bietet sich gar keine sinnvolle Verlängerung in der Ferne an, dann lassen Sie den Weg auf eine Solitär-Pflanze oder einen anderen Blickpunkt zulaufen.

Auch im Schatten lassen sich Highlights gestalten, wie hier mit Bergenien (Bergenia 'Silberlicht') und Tränendem Herz (Dicentra formosa).

Die verwitterte Oberfläche der Statue scheint mit der „Rosenmauer" (Rosa 'Félicité et Perpétue') zu verschmelzen.

Letztlich ist es eine ganz persönliche Entscheidung des Gartenbesitzers, welche Lösung er bevorzugt. Immerhin bietet sich als Kompromiss an, eine immergrüne Allee im Sommer durch blühende Kübelpflanzen aufzuwerten. Achten Sie in jedem Fall bei der Bepflanzung einer Mini-Allee darauf, den Abstand zwischen den Gehölzen genügend groß zu lassen, sonst entsteht der Eindruck eines Weges, der rechts und links von einer Hecke gesäumt wird. Als Faustregel sollte man einen Abstand zwischen den Gehölzen lassen, der mindestens drei- bis viermal so groß ist wie die Breite des ausgewachsenen Gehölzes. Daraus folgt zwangsläufig, sich in kleinen Gärten auf kleine Gehölze zu beschränken!

Betonte Achsen

Eine andere Möglichkeit, Achsenwege zu äußerst attraktiven Highlights umzugestalten, sind Tore, Bögen und tunnelartige Laubengänge (vergleiche dazu die Tabelle auf Seite 76). Mit Hilfe solcher Konstruktionen kommt die dritte Dimension ins Spiel; sie steigert die perspektivische Raumwirkung und verwandelt jede Achse dank der blühenden Pflanzen zu den entsprechenden Zeiten des Jahres in ein Highlight.

Im Unterschied zu den bisher besprochenen „offenen" Wegen verlangen Tore, Bögen und Laubengänge nicht unbedingt nach einem Blickpunkt in der Ferne. Da sie den freien Blick nach oben einschränken, zwingen sie den Betrachter geradezu, in den Brennpunkt der Achse zu schauen. Daher sollte man bei solchen Konstruktionen dort besser einen Blickpunkt einplanen, wie in den Abbildungen auf Seite 57 und 65 und im nächsten Abschnitt.

Elemente, die auch einzeln von Kletterpflanzen überwuchert werden, wirken luftiger und offener als ein Gang aus eng stehenden Elementen, der komplett von Pflanzen bedeckt wird – erstere bieten sich für kleinere Gärten an, wo sie auch den Zugang zu einem Sitzplatz akzentuieren können. Andererseits spenden dicht von Laub überwachsene „Tunnel" viel Schatten und könnten bei entsprechender Größe auch einen kleinen Sitzplatz aufnehmen.

Häufig reicht in kleinen Gärten in der Tat bereits ein einziges „Tor" über einem geraden Weg, um die Achse zu betonen. Zwei oder mehr solcher Tore schließen sich dann zu einem „Gang" zusammen. Je enger die Stützen gestellt werden, das heißt je dichter der Pflanzenbewuchs, desto kompakter erscheint auch der Gang. Daher kommt es in kleinen Gärten maßgeblich darauf an, das rechte Maß zwischen der betonten Achsenwirkung und einem zu massiv wirkenden Pflanzenkörper zu finden.

Schwertlilien (Iris sibirica), die an Sumpf und Wasser erinnern, erzeugen zusammen mit der Tritonshorn-Bläserin ein wasserplätscherndes Flair, das ganz ohne Teich auskommt.

Ein pfiffiger Junge vermittelt zwischen zwei runden, unterschiedlich hohen Beeten, die im gleichen Farbton bepflanzt wurden.

Diese moderne Adaptation einer japanischen Lampe für den Teegarten reicht bereits aus, um an fernöstliche Gelassenheit zu erinnern.

Hydrangea 'Annabelle' in Verbindung mit dem nur scheinbar zufällig davor stehenden Terrakottakrug bilden einen reizvollen Blickpunkt.

Ein alter gemauerter Ziehbrunnen ist hier wirkungsvoll in eine moderne Gartengestaltung mit Eibenkegeln (Taxus baccata) und Rosenspalieren integriert.

Ein gutes Beispiel dafür, dass auch zwei konkurrierende Highlights voneinander profitieren können: Die unvermittelt auf der Wiese „grasenden" Schweine bilden einen humorvollen und wirkungsvollen Kontrast zu dem sorgfältig gestalteten Rundbeet. Der Betrachter wird angeregt, in seiner Phantasie eine Verbindung zwischen beiden Objekten zu suchen.

Pflanzen* für Bögen und Laubengänge	Eigenschaften, Wuchshöhe	Standort	Besonderheiten
Ganzjährige Wirkung			
Brombeere (*Rubus henryi*)	immergrüner Strauch, bis 3 m	○●	stachelige Triebe, hellrote Blüten und schwarz glänzende Früchte
Efeu (*Hedera helix, H. colchica*)	immergrüner Strauch, 10–20 m hoch	○●	robust, wächst dicht, Blattschmuck
Eibe (*Taxus baccata*)	immergrüner Baum, säulenförmige Sorten, bis 5 m	○○●	wächst dicht, klettert nicht, kann aber zu Bögen erzogen werden
Geißblatt (*Lonicera henryi*)	immergrüner Strauch, bis 6 m	○●	stark wuchernd, unauffällige Blüten
Hainbuche (*Carpinus betulus*)	Laub abwerfender Strauch, bis 4 m	○○●	klettert nicht, kann aber zu Bögen erzogen werden; braunes Laub bleibt den Winter über hängen
Spindelstrauch (*Euonymus fortunei*)	immergrüner Strauch, 3–4 m	○●	Sorten mit panaschiertem Laub
Frühlingswirkung (etwa bis Mai einschließlich)			
Akebie (*Akebia quinata*)	Laub abwerfender Strauch, bis 10 m	○○●	Blüte IV–V, violettbraun, duftend (männliche Blüten kleiner, rosa)
Geißblatt (*Lonicera × brownii, L. caprifolium*)	Laub abwerfender Strauch, 3–4 m	○○●	Blüte setzt im Mai ein, je nach Sorte auch bis August; Blütenfarben gelb oder rot
Glyzine (*Wisteria floribunda, W. sinensis*)	Laub abwerfender Strauch, bis 10 m	○●	braucht stabiles Klettergerüst, auffallend reichliche, violette Blüte (IV–VI)
Waldrebe (*Clematis alpina, C. montana* u.a.)	Laub abwerfender Strauch, 5–10 m	○○●	Wildarten blühen ab IV sehr üppig und reichlich, allerdings mit kleinen Blüten; gute Kombination mit Rosen; auch als Blattschmuck
Sommerwirkung (etwa bis August einschließlich)			
Geißblatt (*Lonicera × heckrottii, L. periclymenum*)	Laub abwerfender Strauch, 2–4 m	○○●	Blüte setzt im Juni ein, je nach Sorte bis September; Blütenfarben weiß, gelb, purpur
Hopfen (*Humulus lupulus*)	Staude, 4–6 m	○●	Blütenähren im Sommer, besonders schön sind Sorten mit goldenen Blättern; dichter Blattschmuck
Pfeifenwinde (*Aristolochia macrophylla*)	Laub abwerfender Strauch, bis 10 m	○○●	dichter Wuchs, bis 30 cm lange, fast tropisch wirkende, sehr dicht wachsende Blätter; Blüten eher unscheinbar

Pflanzen für Bögen und Laubengänge*	Eigenschaften, Wuchshöhe	Standort	Besonderheiten
Sommerwirkung (etwa bis August einschließlich)			
Kletterhortensie (*Hydrangea petiolaris*)	Laub abwerfender Strauch, 5–7 m	○○●	robuster Kletterer, große Blütenstände mit weißen Randblüten (VI–VII)
Prunkwinde (*Ipomoea tricolor*)	einjährig, 2–3 m	○	empfindlich, hübsche Blätter und purpur-violette Blüten (VII–IX)
Rose (*Rosa*-Hybriden)	teilweise Laub abwerfend, bis 3 m	○	große Auswahl, ideal sind die mehrfach blühenden Sorten, bei denen allerdings Verblühtes regelmäßig entfernt werden muss; Blüte V–VII
Waldrebe (*Clematis*-Hybriden)	Laub abwerfender Strauch, 2–4 m	○	blühen mit größeren Blüten (V–IX) als Wildarten, aber nicht ganz so üppig
Herbstwirkung (etwa bis November einschließlich)			
Duftwicke (*Lathyrus odoratus*)	einjährig, 1–2 m	○	etwas empfindlich, gut für kleine Bögen, Blüte VII–IX, viele Farben
Feuerbohne (*Phaseolus coccineus*)	einjährig, 3–4 m	○●	auffallende Blüten (V–IX) und essbare Früchte, bäuerliche Gärten
Glockenrebe (*Cobaea scandens*)	einjährig, 3–5 m	○○●	etwas empfindlich, aber prächtige, große Blüten (VIII–X)
Knöterich (*Polygonum aubertii* u.a.)	Laub abwerfender Strauch, bis 15 m	○●	üppiges, wucherndes Wachstum, zahlreiche weiße Blüten (IX–XII); dichter Blattschmuck
Strahlengriffel (*Actinidia arguta, A. chinensisl*)	Laub abwerfender Strauch, 6–8 m	○●	Blüten unscheinbar, Blätter bleiben bis in den Herbst hinein stehen; Früchte nur bei männlicher und weiblicher Pflanze
Wein (*Vitis vinifera, V. coignetiae*)	Laub abwerfender Strauch, bis 10 m	○●	geschützte Lagen, Blattschmuck, sehr attraktives Herbstlaub; ggf. auch Weintrauben
Wilder Wein (*Parthenocissus quinquefolia, P. tricuspidata*)	Laub abwerfender Strauch, bis 10 m	○●	Blattschmuck, prachtvolle Herbstfärbung der Blätter
Winterwirkung			
Korkenzieherhasel, -weide (*Corylus* bzw. *Salix*)	Laub abwerfende Sträucher	○○●	diese skurrilen Sorten klettern nicht selbst, lassen sich aber zu Bögen erziehen; wirken dank der merkwürdig verdrehten Zweige auch als „nacktes" Geäst
Winterjasmin (*Jasminum nudiflorum*)	Laub abwerfender Strauch, 2–5 m	○●	erste gelbe Blüten ab XII (bis III), geschützter Platz, aber winterhart

Die in der Tabelle aufgeführten Pflanzen zeichnen sich einerseits durch dichten Blattwuchs – manche sind sogar immergrün – andererseits durch besondere Blütenpracht aus. Aus den Bemerkungen zu den einzelnen Pflanzen ergibt sich, wie man sie optimal verwendet. Während Kletterpflanzen vor allem zur Blütezeit Schauwirkung haben und damit zu jahreszeitlichen „Sternschnuppen" werden, basiert die Wirkung blattreicher Kletterpflanzen eher auf dem ruhigen Grün. Wie bei Tor und Gang gilt es auch hier, einen guten Kompromiss zu finden: Zu viel kompaktes Grün dominiert einen kleinen Garten, das heißt, der Gang erscheint dann nicht mehr als betonte Achse, sondern kann das Gesamtbild eines Gartens regelrecht erdrücken.

Eine wichtige Rolle für die Gestaltung von Tor oder Gang spielt die Form der Stützen und in etwas geringerem Maße auch ihr Material. Keine Probleme in dieser Hinsicht bieten die frei wachsenden Heckenpflanzen, die man nach einigen Jahren Wachstum oben zusammenbindet und abwartet, bis das Grün ihrer Zweige sich zu einem Bogen geschlossen hat. Mit regelmäßigem Schnitt hält man solche Bögen in Form. Sie bieten sich überall dort an, wo ohnehin Hecken als Raumteiler eingesetzt werden. Allerdings sind Torbögen dieser Art nur etwas für geduldige Gärtner – eine Eibe braucht beispielsweise mehr als ein Jahrzehnt, bis ein gut geschlossener und stabiler Bogen entstanden ist.

Fast alle größeren Gartencenter und viele Baumärkte bieten heute jedoch auch fertige Pflanzenstützen für Tore und Bögen an, die man mit wenig Aufwand selbst aufstellen kann. Besonders leicht und zierlich wirken Drahtgestelle, die oben zu einem Halbkreis geschlossen sind. Sie behalten dank ihrer dünnen, filigranen Streben auch im Winter eine gewisse Attraktivität. Kaufen Sie möglichst Bögen, die durch einen Kunststoffüberzug vor Rost geschützt sind. Achten Sie auch auf den unteren, in der Erde oder einer Verankerung steckenden Teil: Wenn dort Wasser eindringen kann, rostet der Bogen von unten her durch. Helle, verzinkte Bögen lenken stark von den Pflanzen ab, sie sind zwar rostsicher, sollten aber nur dann zum Einsatz kommen, wenn sie dauerhaft von Pflanzen bedeckt bleiben. Bögen aus Metall eignen sich am besten für Rosen, Geißblatt, Waldreben und alle ein- und mehrjährigen, krautigen Pflanzen – deren relativ geringes Gewicht bereiten den Drahtstreben keine Probleme.

◁ ○ Sonne   ◐ Halbschatten   ● Schatten

* Bei den meisten vorgestellten Arten handelt es sich um Kletterpflanzen; Ausnahmen sind erwähnt. Viele der Pflanzen sehen auch außerhalb des jeweiligen „Wirkungszeitraumes" hübsch aus.

Moderne Kunstwerke dieser Art müssen wohl überlegt, wie in einer Ausstellung, inszeniert werden, damit sie optimale Wirkung entfalten.

Die kunstvoll geschnittene Buchsspirale (Buxus), kombiniert mit interessanten Blattschmuckstauden, setzt ein wirkungsvolles Highlight vor den verschiedenen Zaunelementen.

Ein kurioses Arrangement grüner „Kuscheltiere". Frieda van Glabbeek demonstriert in ihrem Garten augenzwinkernd ihre Vorliebe für Stilbrüche.

Da liegt nicht nur die Statue staunend im Gras – zur Blütezeit sind alle Arten von Zierkirschen (Prunus) wirkliche „Hingucker".

Holz passt als natürliches Material zu allen Pflanzen; sind die Stützen entsprechend stabil, bietet es selbst kraftvollen Schlingpflanzen wie den Glyzinen sicheren Halt. Zudem wird es bereits in vielen Formen als fertiges Set zum Eigenbau verkauft. Holz ist jedoch wetteranfällig – es kann im Laufe der Jahre an der Basis durchfaulen. Fragen Sie beim Kauf nach druckimprägniertem Holz, vorausgesetzt Sie mögen den Ton von behandeltem Holz, das den Unbilden der Witterung besser standhält, und setzen Sie es in eine Verankerung, die keinen Bodenkontakt zulässt wie zum Beispiel einen Schuh aus verzinktem Metall. Tropenholz, das jedoch unbedingt aus nachhaltigem Anbau stammen sollte, ist praktisch unbegrenzt haltbar und entsprechend auch teurer. Am bekanntesten und am häufigsten im Einsatz ist hier Teak-Holz. Es hat vor allem auch den unschätzbaren Vorteil, dass es mit der Zeit Patina ansetzt und sich dann harmonisch in einen Garten einfügt, während druckimprägniertes Holz seine oft unnatürliche Farbe viele Jahre hält.

Die zierlichen, als Rankgitter ausgeführten Typen gleichen den Metallbögen und werden entsprechend verwendet, das heißt mit „leichten" Kletterpflanzen umrankt, die vorrangig durch ihre Blütenpracht wirken. Alle pergolaartigen Strukturen dagegen, die aus kräftigen Balken zusammengestellt werden, vertragen auch einen Bewuchs mit dichten Kletterpflanzen, die im Laufe der Jahre ein größeres Gewicht erreichen können. Dazu gehören Efeu, Wisterien, Wilder Wein oder Wein, um nur einige zu nennen. Während leichte Metall- und Holzgitterkonstruktionen in der Regel mit halbrundem oberen Abschluss versehen sind – also Bögen bilden – ist der Querschnitt von Balkenkonstruktionen zwangsläufig rechteckig oder quadratisch. Damit ändert sich auch ihr Charakter: Bewachsene Bögen, insbesondere wenn sie relativ dicht stehen, erzeugen die Stimmung eines engen Laubenganges oder Tunnels. Da man andererseits aus den tragfähigen Holzbalken „Tore" von bis zu 3 m Breite herstellen kann, erscheinen sie trotz des schweren Materials offener und lichter. Selbstverständlich verändert sich dieser Eindruck je nach Dichte des Bewuchses.

In kleineren Gärten ist eine leichte Konstruktion mit Bögen aus Metall oder Holzgittern sicher die beste Wahl. Ein einzelnes beziehungsweise zwei bis drei Elemente im Abstand von mehreren Metern reichen aus, um eine betonte Achse zu konstruieren. Sie werden mit jeweils einer Pflanzenart bepflanzt, die entweder gleichzeitig oder nacheinander zur Blüte kommen. In größeren Gärten dürfen die Bögen dichter stehen, sodass ein kompakter Gang entsteht; allerdings sollte es genügend andere Gestaltungselemente geben, um den Laubengang nicht zu dominant erscheinen zu lassen. Ausreichend große Gärten vertragen auch eine wuchtigere Balkenkonstruktion mit dichtem Pflanzenbewuchs. Allerdings sollte unbedingt der Eindruck eines Ganges entstehen, sonst wirkt die Balkenkonstruktion wie eine Pergola. Ein perfektes Beispiel in diesem Sinn – wenn auch keinen Balkengang – zeigt die Abbildung auf Seite 48. Hier wird das Dach des Laubengangs von den Ästen einer Glyzine gebildet, und die Maske im Brennpunkt intensiviert die Wirkung der Achse.

Informelle Achsen

Solche die Blicke lenkenden Achsen entsprechen den langen, offenen Durchblicken eines typischen Landschaftsgartens. Im Unterschied zu Wegen kann sich das Auge hier nicht entlang einer definierten Leitlinie in die Garten-Ferne verlieren, sondern man muss versuchen, diese Achse durch Bepflanzung und Bebauung vorzugeben. Die Wirkung solcher Blicke kann atemberaubend sein: Stellen Sie sich vor, sie spazieren durch ein Wäldchen; plötzlich öffnet sich der dichte Baumbestand und sie blicken in eine Landschaft mit einzelnen Bäumen, Bauernhäusern und Feldern – diese Stimmung gilt es zu erreichen. Die Übertragung auf den Garten ist nicht so schwierig, wie es vielleicht scheinen mag: Eine informelle Achse sollte sich unerwartet auftun und den Blick auf eine erfreuliche Szene lenken – soweit die Theorie. Wenn Sie von Ihrem jeweiligen Sitzplatz nicht den ganzen Garten im Blickfeld haben, sondern Teile davon durch einen oder mehrere Sträucher verdeckt werden, haben Sie bereits die besten Voraussetzungen für das Moment der Überraschung geschaffen. Erst wenn man aufsteht und einige Schritte in den Garten hinein tut, öffnet sich hinter den Sträuchern eine Blickachse und Sie sehen auf ein hübsches Beet, Solitärgehölz, Gartenplastik, Sitzplatz oder auch über den Gartenzaun hinaus in die Ferne. Als seitliche Begrenzung solcher Achsen reichen gewöhnlich wenige Sträucher aus. Der Eindruck einer informellen Blickachse lässt sich übrigens mit noch einfacheren Mitteln erreichen: Zwei Sträucher, zwischen denen man zwangsläufig hindurchschauen muss, ein Rasenstück zwischen zwei Beeten, eine Öffnung in der Hecke, durch die Landschaft zu sehen ist, hohe Ziergräser rechts und links, Bambus – was immer auch Ihren Blick „kanalisiert", eignet sich als Begrenzung solcher Achsen. Wenn Sie dann noch darauf achten, dass am Ende der Achse ein Blickpunkt wartet, haben Sie ein Highlight komponiert.

Blickpunkte

Das wichtige, aber nicht notwendige Wechselspiel zwischen Blickachsen und Blickpunkten wurde bereits mehrfach angesprochen. Bei den im Folgenden besprochenen Gestaltungsbeispielen wird dieser Zusammenhang daher nicht jedes Mal ausdrücklich angesprochen – obwohl er natürlich latent immer mitschwingt.

Szenische Blickpunkte, wie der eben besprochene Rosengarten, präsentieren sich als Vielfalt in der Einheit. Sie bieten dem Betrachter keine punktförmige Quelle der Überraschung dar, sondern entfalten ihre Wirkung erst, wenn man das Auge schweifen lässt. Im Garten werden sie daher vorwiegend durch Pflanzenwuchs verwirklicht.

Ob mit oder ohne Schnee, in der kalten Jahreszeit übernehmen die immergrünen Nadelbäume die Führung im Gartenschauspiel.

Fast wie ein Gemälde wirken die bunten Blätter der Zaubernuss (Hamamelis × intermedia 'Ruby Glow').

> **Die Weidenhütte – ein Aktiv-Highlight für Kinder**
>
> Manche Highlights haben nur indirekt etwas mit Pflanzen zu tun – fröhlich spielende Kinder gehören ganz sicher dazu! Mit minimalem Aufwand können Sie für Ihre Kinder die Voraussetzung für herrliche Spiele schaffen: Fragen Sie in einer Baumschule oder Großgärtnerei nach frischen Weidenruten. Stecken Sie die Ruten zu einem Kreis in die Erde – sie brauchen etwa eine pro 10 cm – und wässern Sie gründlich. Schon nach drei bis vier Wochen sind die Weidenruten ausreichend bewurzelt und ein paar Wochen später lassen sie sich zu einem Indianerzelt (kegelförmig oben zusammenbinden), zu einem Iglu (gegenüber liegende Zweige mit Gartenschnur zu einem Bogen zusammenbinden) oder zu einem gewölbten Gang zusammenfügen – eine Achse zum Spielen, die kaum etwas „übel nimmt". Sie darf entweder bis zum nächsten Jahr stehen bleiben oder wird zum Ende der Vegetationsperiode auf dem Kompost entsorgt. Ein solches „natürliches" Spielzeug passt sich auch in perfekt gestaltete Gärten harmonisch ein, wenn es richtig platziert wird.

Der Begriff *Solitär* wird gewöhnlich von Baumschulen verwendet; sie preisen damit Gehölze an, die ihre beste Wirkung im Einzelstand erreichen. In unserem Zusammenhang werden darunter Blickpunkte verstanden, die in Form einer einzelnen Pflanze zum Highlight werden können.

Die dritte Gruppe von Blickpunkten besteht aus *Objekten und Gartenplastiken* jeglicher Art, die einzeln oder in Kombination mit anderen die Blicke auf sich ziehen – von der Wasserpumpe bis zur modernen Statue. Um es nochmals zu betonen, diese Gliederung hat vor allem heuristischen Wert, da fast alle behandelten Blickpunkte auch in Kombination miteinander – Objekte mit Solitären, Szenen mit Objekten, Solitäre in Szenen und so weiter – eingesetzt werden können.

Szenische Blickpunkte

Sie entstehen durch die Massierung von Farben auf relativ kleiner Fläche, durch gut konzipierte, überschaubare Beete, ganze Gartenszenen und schließlich Landschaften, wobei letztere allerdings zwangsläufig außerhalb des Gartenzauns liegen. Obwohl eine schöne Landschaft sicher zu den besten szenischen Blickpunkten gehört, können die meisten Gartenbesitzer davon nur träumen – spätestens das nächste Haus versperrt ganz sicher den Blick. Wer sich jedoch glücklich schätzen darf, einen solchen Anblick zu genießen, sollte ihn entsprechend zelebrieren: Rahmen Sie den schönsten Blick durch wenige Gehölze im Sinne einer informellen Achse ein oder schaffen Sie mit Hilfe einer Pergola oder eines Bogens fensterartige Durchblicke. Damit lenken Sie nicht nur den Blick, sondern konzipieren gleichzeitig einen Vordergrund, der die Weite der Landschaft noch besser vermittelt und vielleicht auch einen allzu gleichförmigen Anblick gliedert.

Zurück zu den bescheideneren Flächen des eigenen Gartens. Einen perfekten szenischen Blickpunkt, der durch die intensive Kraft einer einzigen Farbe überzeugt, zeigt die Abbildung auf Seite 68. Zur Blütezeit im Frühling sind Krokusse kaum zu schlagen. Während eine Einzelblüte ihre Schönheit nur bei genauer Betrachtung entfaltet, verwandeln sich 50 oder gar 100 dicht an dicht blühende Krokusse in einen Farbteppich von unwiderstehlicher Wirkung. Zum Highlight wird ein solcher Blickpunkt allerdings nur dann, wenn die Farbe gezielt ausgesucht und massiv verwendet wird. Stellen Sie sich dieselbe Situation mit bunten Krokussen vor. Der entstehende Flickenteppich aus Farben sähe zwar aus der Nähe immer noch hübsch aus, wäre aber vermutlich zu unruhig, um einen Betrachter wirklich zu faszinieren. Das Bild gegenüber auf Seite 69 zeigt eine dichte Gruppe von Schneeglöckchen. Weiß ist eine sanfte Farbe, die dem Auge schmeichelt, es aber nicht besonders stark fesselt. Daher strahlt dieser szenische Blickpunkt eine fröhliche, wenn auch weniger aufregende Stimmung

Ein Baum, der während der Blüte magisch die Blicke auf sich zieht – der Goldregen (Laburnum).

Die mächtigen Blätter des Mammutblattes (Gunnera) rahmen das zierliche Arrangement auf dem Tisch ein und bilden eine imposante Kulisse.

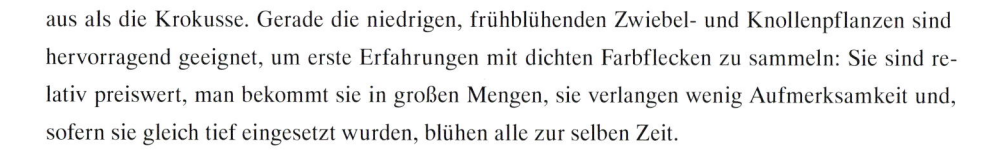

Diese Komposition lebt von den reichen Kontrasten zwischen den Blattfarben und -strukturen des Schildblatts (Darmera peltata), der Funkien (Hosta) und der Schaumblüte (Tiarella).

aus als die Krokusse. Gerade die niedrigen, frühblühenden Zwiebel- und Knollenpflanzen sind hervorragend geeignet, um erste Erfahrungen mit dichten Farbflecken zu sammeln: Sie sind relativ preiswert, man bekommt sie in großen Mengen, sie verlangen wenig Aufmerksamkeit und, sofern sie gleich tief eingesetzt wurden, blühen alle zur selben Zeit.

Die beiden Bildbeispiele hier auf dieser Seite zeigen kleine Szenen, die sich jedoch in zwei wesentlichen Punkten von den bisher geschilderten Beispielen unterscheiden. Zum einen stehen nicht Blüten im Zentrum des Geschehens, sondern die Anziehungskraft dieser Beetbereiche basiert auf der Wirkung ungewöhnlicher Blätter. Zum anderen wurde die Spannung in beiden Fällen durch kleine Accessoires gesteigert. Im Unterschied zu blühenden Highlights, die vor und nach der Blüte stark an Attraktivität einbüßen, bilden Blattschmuckstauden während der gesamten Vegetationszeit interessante Blickpunkte – in diesen beiden Fällen sogar im Schatten. Obwohl die beiden Szenen formal recht ähnlich aufgebaut sind, haben die Gartengestalter andere Akzente gesetzt: Hauptanziehungspunkt beider Szenen sind eindeutig die großen Blätter. Sie allein reichten jedoch nicht aus, um die schattigen Eckchen zu etwas Besonderem zu machen. Dafür sorgen in einem Fall die panaschierten Funkien und zwei Tontöpfe in einfachem bäuerlichen Design, im anderen Fall Körbe mit blühenden Pflanzen. Vor allem letztere wurden äußerst geschickt in Szene gesetzt. Körbe und die Pflanzen sind viel zu klein, um sich auf der Erde gegen die mächtigen Blätter durchsetzen zu können. Da man sie jedoch auf dem blau gestrichenen Caféhaustischchen gewissermaßen in den Brennpunkt der Staude erhoben hat, kommen sie prachtvoll zur Geltung und werten damit auch das gesamte Arrangement auf.

Es ist sehr reizvoll, diesen Blickpunkt mit dem gegenüber abgebildeten Beet zu vergleichen. Wieder bildet das Mammutblatt den wichtigsten Blickpunkt der Szene. Die mächtigen Blätter wirken wie eine Hecke, zu deren Füßen die zarten Blüten der Primeln blühen. Vor allem aus der Entfernung lösen sich die Einzelblüten zu einem rosaroten Flaum auf. Für zusätzliche Auflockerung sorgen die unterschiedlichen Blattformen zu Füßen des Mammutblattes – eine wie direkt aus der Natur übernommen wirkende Gestaltungsidee.

Wie ein Stauden-Wald erheben sich die mächtigen, eindrucksvollen Blätter des Mammutblattes (Gunnera) über die filigranen Blüten der Etagenprimeln (Primula japonica).

Solche stillen Ecken, die sich in vielen Gärten einrichten lassen, brauchen einige Zeit, bis sie den Charme einer ländlichen Idylle ausstrahlen.

Mit den beiden Abbildungen auf Seite 60 und 61 wird der Maßstab nochmals erweitert. Beide zeigen eine Gartenszene, die von jeweils einem Beet beherrscht wird. Dass sich die Blätter des Essigbaumes im Herbst, wie auf Seite 61, mit verlässlicher Regelmäßigkeit feuerrot verfärben, macht ihn zu einem begehrten Highlight während einer Jahreszeit, die ansonsten eher arm an spektakulären Blickfängen ist. Er wurde in diesem Fall nicht wie so oft als Solitär mitten in den Rasen gepflanzt, sondern erhebt sich aus einem Beet, dessen Bewuchs wie ein Hügel ansteigt. Im Vordergrund wachsen Gräser wie das Reitgras (*Calamagrostis* 'Karl Förster'), die wie im Beet auf der Seite gegenüber die gesamte Szene dominieren. Gräser werden leider viel zu selten für die Gestaltung genutzt. Allenfalls das mächtige Pampasgras oder ein Chinaschilf bekommen die Chance, diese umfangreiche Pflanzengruppe als einsame Vertreter zu repräsentieren. Dabei kann sich ein Beet mit abwechslungsreichen Gräsern im Steppencharakter zu einem ganz außergewöhnlichen Highlight entwickeln: Gräser sehen während des Frühlings und Sommers mit Blättern und Blütenständen sehr attraktiv aus. Im Herbst, wenn die Sonne durch ihre mürben, welken Blätter scheint, ergeben sich fantastische Lichteffekte und im Winter verwandelt sie der morgendliche Raureif in filigrane und vergängliche Kunstwerke, die sich sanft im Wind wiegen.

Während viele engagierte Hobbygärtner in Großbritannien wie selbstverständlich immergrüne Gehölze zu fantasievollen Formen beschneiden, konnte sich die Technik des Formschnittes bei uns noch nicht recht durchsetzen. Auf den Seiten 78 und 79 sind zwei Beispiele für diese Gartenkunst zu sehen. Der spitz zulaufende, zu einer kegelförmigen Schraube erzogene und beschnittene Strauch wirkt wie ein Ausrufezeichen, das eine üppig mit Blattwerk ausgestattete Gartenecke akzentuiert. Da er sich eindeutig von seiner Umgebung absetzt, könnte man ihn natürlich auch als Solitär bezeichnen. Anders die Szene auf Seite 79: Hier belebt eine kuriose Menagerie aus grünen Geschöpfen eine Rasenfläche. Zwischen den halbkugelig beschnittenen Sträuchern und der geometrisch-geraden Hecke tummeln sich fantastische Tiere. Natürlich könnten sich Anhänger eines natürlichen Gartenstils „mit Befremden abwenden", das Spiel mit Irritationen ist hier jedoch durchaus beabsichtigt.

Im Garten auf Seite 62 wurde die Inszenierung eines szenischen Blickpunktes auf die Spitze getrieben, der mit Realität und Täuschung spielt – *trompe-l'oeil* nannten die fürstlichen Gärtner der Vergangenheit diesen Effekt. Erst beim genauen Hinsehen erkennt man, dass der Bambushain von der Wand widergespiegelt wird (am besten zu sehen, wenn man über den Busch im Vordergrund auf die Wand blickt). Dank des Spiegels ändert sich der Anblick der Bambusgruppe und des Sitzplatzes je nach Standort des Betrachters. Der Bambushain und sein virtuelles Bild verhalten sich wie reale Pflanzen, sind dies aber nur zum Teil – ein Highlight von außergewöhnlichem Reiz.

Der morbide Charme des Verfalls: Das fröhlich blühende Silberblatt (Lunaria) umspielt eine rostige alte Handpumpe.

Man kann sich den Überraschungseffekt mit Spiegeln auch in kleinerem Rahmen zunutze machen. Bekannt sind etwa perspektivisch, wie ein Durchgang konstruierte Holzgitter, in deren Zentrum ein Spiegel montiert ist, um Weite vorzutäuschen wie auf der Seite 17. Auch Spiegelplatten an einer Terrassenwand, die als Hintergrund für Kübelpflanzen dienen, weiten einen Terrassenraum in die Tiefe aus.

Eine ganz andere Art von Überraschung und damit wiederum ein wichtiges Kriterium für ein Highlight zeigt die Abbildung auf Seite 75. Das runde, von Buchsbaum gesäumte Beet im Rasen lockert die Grünfläche auf, wäre aber trotz der antikisierenden Säule mit blumenbewachsener Vase „nur" ein hübscher Blickpunkt – wäre da nicht die kleine Schweineherde, die sich auf dem Rasen tummelt. Wie die besprochenen Beispiele zeigen, gibt es keine festen Regeln, um einen szenischen Blickpunkt zu einem Highlight werden zu lassen („Man nehme ..."). Andererseits belegen sie aber auch, dass weder umfassende Baumaßnahmen noch teure Pflanzen erforderlich sind, wenn man sich auf die wichtigen Prinzipien der Gestaltung besinnt: Massierung von Farben, eine gute Präsentation, Überraschung und der „Sternschnuppeneffekt" blühender Pflanzen. Dazu kommt Hingabe und Fleiß des Gärtners und nicht zuletzt eine gute Portion Witz und Ironie.

Solitäre als Blickpunkte

Welche Pflanze man in seinem Garten als Solitär einsetzt, um einen Blickpunkt zu schaffen, hängt von den Randbedingungen ab. Je kleiner der Garten, desto kleiner sollte auch der pflanzliche Blickpunkt sein, sonst „erschlägt" er die Komposition. Eine prachtvolle Blutbuche auf einer Parkwiese ist sicher ein wunderschönes und beeindruckendes Highlight, im Reihenhausgarten erfüllt eine kleine Kugelakazie mit ihrer kugeligen Krone denselben Zweck. In einem eher „zweidimensional" gestaltetem Beet mit niedrigen Polsterstauden bildet bereits eine blühende Taglilie ein prächtiges Highlight, in einem strauchbetonten, eher „dreidimensionalen" Garten wäre ein üppig blühender Fliederbaum sicher besser am Platz.

Um als Solitär und Highlight zur Geltung zu kommen, sollte eine Pflanze sich daher stets oder zu einer bestimmten Jahreszeit unübersehbar von ihrer Umgebung abheben. Das kann durch die Wuchsform, wie im Foto auf Seite 81, geschehen – die Tabelle listet einige wirkungsvolle Beispiele für den Winter auf – durch die Blüte, die Farbe der Blätter oder auch durch einen auffallenden Fruchtschmuck. Der überreich blühende Strauch auf Seite 92 oder der Apfelbaum auf der Wiese auf Seite 80 sind zu ihrer Blütezeit ebenso prächtig wie das Herbstlaub des *Hamamelis intermedia* 'Ruby Glow' zwei Seiten weiter. Wie das Detailfoto des roten Laubes belegt, kann ein Solitär durchaus fast während der ganzen Vegetationszeit als „Grüner zwischen Grünen" verschwinden; seine Stunde schlägt erst dann, wenn alle Nachbarn ihre Blätter verlieren. Die Planung der Solitär-Highlights gehört dementsprechend auch zu den besonders anspruchsvollen, aber eben auch reizvollen Aufgaben. So lassen sich in einem begrenzten Gartenbereich natürlich auch zwei oder mehr Solitäre unterbringen, die zum Beispiel in der Blüte nicht miteinander harmonieren, vorausgesetzt, ihre Blütenpracht ist zeitlich versetzt.

Objekte und Gartenplastiken

War es bereits bei den Solitären schwierig, allgemeine Auswahl- und Gestaltungsregeln zu formulieren, so wäre dieser Versuch bei den künstlichen und künstlerischen Objekten gänzlich zum Scheitern verurteilt. Während sich die pflanzlichen Solitäre – ganz unabhängig von der Wirkung – nach ihrer „inneren Logik" in jedes Gartenbild einfügen, ist bei den „toten" Objekten einzig das persönliche Stilempfinden des Gartenbesitzers maßgebend. Ein Liebhaber von traditionellen Gartenzwergen wüsste vermutlich nichts mit dem fröhlich bunten Gesellen anzufangen, den die Abbildung auf Seite 77 zeigt. Wer klassische Statuen liebt – der Amor im rosenberankten Rundtempel eines Pariser Gartens auf Seite 59 mag hier als Beispiel dienen – würde vermutlich über den spröden Charme einer alten Wasserpumpe nur die Nase rümpfen.

Am besten richtet man sich nach seinen ganz persönlichen Vorlieben und beachtet beim Aufstellen objekthafter Blickpunkte folgende Grundsätze: Ein Objekt, das im Fluchtpunkt einer Achse steht, verstärkt nicht nur die Achsenwirkung, es wird auch selbst durch die fliehenden Linien besonders akzentuiert. Frei stehende Objekte sollten entweder durch ihre schiere Präsenz beeindrucken wie auf Seite 77 oder so überraschend auftauchen, dass sie dem Betrachter sprichwörtlich die Sprache verschlagen. Schließlich kann man sich für exotische, das heißt fremde und ungewöhnliche Objekte entscheiden oder für Gegenstände, die im Garten zwar durchaus am Platz sind, jedoch durch ihre Ausprägung zu einem Highlight werden, zum Beispiel die bereits erwähnte Wasserpumpe auf Seite 87 oder ein Brunnenbecken wie auf Seite 74. Einige Beispiele mögen diese Grundsätze verdeutlichen. Die Mauer auf Seite 89 weist gleich mehrere dieser Eigenschaften auf. Mauern sind an sich nicht ungewöhnlich im Garten, die eingemauerte, kreisrunde Öffnung – noch betont durch die diagonal gestellten Ziegelsteine – wirkt jedoch fremd und überraschend. Sie eröffnet ein Blickfenster auf eine dahinter liegende Gartenszene, die allein aufgrund dieses Rahmens zum „Bild" wird. Der gemauerte Halbkreis auf dem Boden davor spiegelt die Form der Öffnung wider und die darin aufgetürmten Feldsteine stellen eine Verbindung zwischen Erdboden und Maueröffnung her. Ein Übriges tun die bepflanzten Kübel, die den Blick als unauffällige Achse ebenfalls zum Brennpunkt leiten.

Eine geschwungene Mauer trennt die Terrasse mit der Quellsteininsel von übrigen Garten ab. Eine runde Öffnung gibt den Blick frei auf eine üppige Parklandschaft.

Lücken in Holzdecks werden meistens wirkungsvoll mit Pflanzen aufgelockert. Die Wirkung dieses reizvollen Details liegt im ungewöhnlichen Form- und Materialkontrast.

Solitärgehölze mit Winterwirkung*	Eigenschaften	z.B. Sorten von:
Säulenförmige Gehölze	immergrün – gut für kleine Gärten, geringer Raumbedarf	Eibe *(Taxus baccata)*, Scheinzypresse *(Chamaecyparis)*, Wacholder *(Juniperus communis)*; häufig mit dem Begriff 'Fastigiata' als Sortenname
Gehölze mit panaschierten (bunten) Blättern	immergrün – erhältlich in verschiedenen Größen, daher für viele Gartengrößen einsetzbar	Aukube *(Aucuba)*, Berberitze *(Berberis)*, Ilex *(Ilex aquifolium)*, Ölweide *(Elaeagnus)*, Spindelstrauch *(Euonymus)*, Zwergmispel *(Cotoneaster)*; häufig mit dem Begriff 'Variegata' als Sortenname
Hängeformen, Laub abwerfend	gepfropfte (veredelte) Formen wachsen nicht in die Höhe, daher kann man sie direkt in der Endgröße erwerben – große Arten	Birke *(Betula)*, Buche *(Fagus sylvatica)*, Erle *(Alnus)*, Esche *(Fraxinus)*, Haselnuss *(Corylus avellana)*, Pappel *(Populus)*, Weide *(Salix)*; kleine Formen z.B. von Buche *(Fagus sylvatica)*, Eberesche *(Sorbus aucuparia)*, Eiche *(Quercus)*, Schnurbaum *(Sophora)*, Weide *(Salix)*; häufig mit dem Begriff 'Pendula' als Sortenname
Skurrile Formen, immergrün	ganzjährig wirksam, erst im Winter verschwindet jedoch die „Konkurrenz" durch andere Gehölze	Sawara-Scheinzypresse *(Chamaecyparis pisifera* 'Squarrosa'), Sicheltanne *(Cryptomeria japonica* 'Cristata'), Rottanne *(Picea abies* 'Cranstonii') u.a.
Skurrile Formen, Laub abwerfend	ausschließlich im Winter von Bedeutung, da dann die Zweige gut zur Geltung kommen; ein freier Hintergrund bringt sie besser zur Geltung	Eberesche *(Sorbus aucuparia)*, Korkenzieherhasel *(Corylus avellana)*, Korkenzieherweide *(Salix matsudana)*, Süntelbuche *(Fagus sylvatica)*; häufig mit dem Begriff 'Tortuosa' als Sortennamen
Farbige Rinde	besonders große Auswahl; kleinere Formen gehören in die Nähe von Fenstern, damit man sie im Winter wahrnimmt, große Gehölze wirken auch aus der Ferne	Birke *(Betula)*, Hartriegel *(Cornus)*, Kerrie *(Kerria japonica)*, Schlangenhautahorn *(Acer)*, Tamariske *(Tamarix)*
Abblätternde Rinde	wie oben	Bergahorn *(Acer pseudoplatanus)*, Zimtahorn *(A. griseum)*, Birke *(Betula* mehrere Arten), Hickory *(Carya ovata)*, Scheinteller *(Clethra barbinervis)*, Platane *(Platanus)*, *Prunus serrula*

* Statt von einzelnen Arten auszugehen, sind in dieser Tabelle verschiedene auch im Winter spektakulär aussehende Typen von Gehölzen aufgeführt. In der letzten Spalte werden jeweils einige Beispiele genannt (genauere Auskunft geben Baumschulen und Gartencenter).

Seit klassische Statuen nicht mehr in mühevoller Arbeit aus Marmor oder anderem Stein gemeißelt müssen, sondern aus Beton oder Gips hergestellt werden können, sind ihre Preise auf ein Niveau gesunken, das sich auch ein „bürgerlicher" Gartenbesitzer leisten kann. Dennoch kommt es gerade bei diesen Motiven auf eine äußerst sensible Standortplanung an, sollen sie nicht lächerlich wirken. Die antik gewandte Dame mit Hund auf Seite 72 scheint organisch aus einer Wand aus Rosen herauszuwachsen. Dazu trägt vor allem die von Zeit und Wetter gezeichnete Oberfläche bei. Eine neu gekaufte, strahlend weiße oder graue Statue wäre dagegen an einem solchen Standort absolut fehl am Platze. Um den Verwitterungsprozess etwas zu beschleunigen und die Ansiedlung von Algen und Flechten zu fördern, sollte man die Oberfläche der Statue mit etwas Joghurt einreiben.

Das Mädchen mit dem Tritonshorn von Seite 73 steht frei mitten in einem Beet aus Schwertlilien. Obwohl auch ihr – selbstverständlich nur ihrer materiellen Oberfläche – eine gewisse Altersreife gut tut, hat sie eher den Charakter eines Denkmals und muss nicht unbedingt mit dem Hintergrund verschmelzen. Auch der kleine Junge hinter dem Beet auf Seite 74 steht eigentlich frei; dennoch wirkt er wegen seiner Kleinheit weniger als herausgehobenes Denkmal, sondern vielmehr wie ein Teil der Komposition.

Die beiden letzten Beispiele sollen das Moment der Fremdheit und Überraschung verdeutlichen. Bei einem Spaziergang durch einen japanischen Garten wäre man vermutlich kaum überrascht, auf eine steinerne Lampe für die Teezeremonie zu stoßen. In einem mitteleuropäischen Garten erzeugt ein solches Objekt wie auf Seite 74 jedoch das Flair fernöstlicher Weisheit – es ist fremd und überraschend, ein Highlight, das durch Bambus und Steinsetzungen noch verstärkt werden kann. Fremd wirkt aber auch bereits der leere Terrakotta-Krug in italienischem Design, der scheinbar ohne jeden inneren Zusammenhang ein üppig blühendes Beet von Hortensien auf Seite 74 ziert. Er verwandelt ein wohldurchdachtes Arrangement in ein Highlight, weil er gerade wegen seiner Fremdheit magisch die Blicke auf sich zieht.

Unter dem dichten Vorhang der Kletterrose (Rosa 'Seagull') lädt ein Sitzplatz zum Träumen ein.

Die ruhenden Pole – Sitzplätze und Gartengebäude

Ein Garten ohne Sitzplätze ist undenkbar! Diese Aussage ist allenfalls in ihrer Ausschließlichkeit provokant, denn wer könnte sich ernsthaft vorstellen, seinen Garten nur vom Wohnzimmerfenster aus zu betrachten? Über Sitzplätze als sinnvolle, zweckmäßige Einrichtungen dürfte es somit kaum Diskussionsbedarf geben. Ganz anderes stellt sich das Problem jedoch dar, wenn man es in unserem Zusammenhang – Sitzplätze als Highlights – betrachtet. In den vorangegangenen Kapiteln tauchten Sitzplätze meist als „passive" Elemente der Gestaltung auf: Vom Sitzplatz aus betrachtet man die Schönheiten und Highlights seines Gartens. In diesem Kapitel wird es um Sitzplätze gehen, die selbst ins Zentrum des Interesses rücken. Auch sie lassen sich in Highlights mit eigenem Recht verwandeln, wenn man sie entsprechend inszeniert. Voraussetzung dafür ist jedoch, dass man sie aus einer gewissen Entfernung betrachten kann. Obwohl also einige der vorgestellten Ideen und Tricks durchaus auch zur Gestaltung einer Terrasse direkt am Haus verwertet werden können, beziehen sie sich vor allem auf Sitzplätze und Gartengebäude, die man vom Haus, von der Terrasse oder während eines Spaziergangs durch seinen Garten sieht.

Art und Größe des Sitzplatzes richten sich vorrangig nach dem geplanten Zweck. Wer allein oder im Kreise der Familie die Stille seines Garten genießen möchte, braucht nur einen kleinen Sitzplatz – vielfach reichen dann bereits einzelne Sitzelemente aus, die dauerhaft oder kurzfristig in die Bepflanzung eingebunden werden. Möchte man dagegen im Garten essen, werden Tisch und Stühle erforderlich, die zwangsläufig mehr Platz brauchen. Damit Stühle und Tisch auch bei intensiver Belastung nicht im weichen Gartenboden versinken, muss eine stabile Unterlage, wie Pflasterung oder Holzdeck, verlegt werden. Wer den Garten zum zweiten Wohnzimmer machen möchte, darf sich auch vor einem kleinen Regenschauer nicht fürchten, also muss eine Überdachung her. Ob Grillplatz oder Leseecke, Raum für besinnliche Gespräche oder Party – stets sollte man die Planung eines Sitzplatzes mit einer Betrachtung darüber beginnen, was man später im Garten vorhat. Daraus ergeben sich bestimmte Randbedingungen, die beachtet werden müssen. Erst danach kommen die Aspekte einer optimalen Gestaltung ins Spiel.

Zusätzliche Sitzplätze sind übrigens keine Frage der Gartengröße. Selbst im kleinsten Reihenhaus- oder Stadtgarten ist genügend Platz für einen hübschen Stuhl, Liegestuhl oder eine Bank – und wenn dieser so prachtvoll inszeniert wird wie auf dieser Seite zu sehen …

Mose und Flechten haben diese Teakholzbank bedeckt und verleihen ihr zu Füßen eines mächtigen Rhododendrons morbiden Charme.

Der Garten von Barnsley House im Frühlingsrausch. Blickfang dieser heiteren Szenerie ist diese Steinbank im historischen Stil inmitten üppig blühender Narzissen (Narcissus).

Sitzplätze

Der Standort

Der ideale Ort für einen Sitzplatz gleich welcher Art ergibt sich als Kompromiss aus drei Anforderungen: Er muss seinen Zweck, also zum Beispiel Ruhe oder Trubel, lesen oder essen, erfüllen, man sollte von dort aus einen möglichst hübschen Ausblick haben und schließlich sollte auch der Sitzplatz als solcher attraktiv aussehen.

Selbstverständlich – wie immer bei Kompromissen – wird man selten alle drei Bedingungen zur vollständigen Zufriedenheit erfüllen können, aber zumindest lohnt es sich, gründlich über den besten Standort nachzudenken. Der erwünschte Zweck eines Sitzplatzes entscheidet vor allem über dessen Größe und Platzbedarf. Wer alleine sein möchte, um in Ruhe nachzudenken oder zu entspannen, braucht relativ wenig Platz, während man mit zunehmender Zahl der Benutzer zwangsläufig mehr Raum einplanen muss. Damit scheiden viele potentielle Standorte von vorneherein aus.

Für Einzelsitze findet sich praktisch überall im Garten ein Plätzchen. Werden sie nicht dauerhaft angelegt, sondern bestehen nur aus einer bequemen Sitzgelegenheit – auch ein Liegestuhl gehört in diese Kategorie – kann man sich Woche für Woche einen neuen Lieblingsplatz suchen oder mit dem Stuhl den blühenden Highlights folgen. In gewisser Weise gilt dies auch für Bänke. Sie sind allerdings „schwerfälliger" und man kann sie nicht so einfach hin und her schieben. Das Problem stellt sich nicht, wenn man auf eine Bank verzichtet und statt dessen zwei Einzelsitze benutzt wie auf Seite 97. Daher sollte man bereits bei Sitzplätzen ab der Größe einer Bank ernsthaft erwägen, den Boden zu pflastern oder anderweitig zu befestigen. Ob man dabei an Kies, Pflasterung mit Kunst- oder Natursteinen oder an ein Holzdeck denkt, ist vor allem eine Frage des persönlichen Geschmacks und natürlich auch der damit verbundenen Kosten.

Spätestens dann, wenn ein Sitzplatz regelmäßig von mehreren Personen genutzt wird und damit auch eine bestimmte Größe erreicht, *muss* er eine permanente Struktur bekommen, möglichst auch einen stabilen Zugang. Daraus ergibt sich die Notwendigkeit, einen guten Platz für ihn zu finden. In kleinen Gärten erscheinen völlig isolierte, aber gut sichtbare Sitzplätze oft etwas willkürlich. Sie kommen deutlich besser zur Geltung, wenn man sie durch Sträucher, ein berranktes Gitter oder eine Bogenkonstruktion aus dem direkten Blickfeld nimmt. Eine interessante Alternative bieten Achsen oder Bogengänge, an deren Ende der Sitzplatz wie ein Blickpunkt auftaucht. Als weitere Alternative bietet sich an, den Sitzplatz optisch an die Terrasse anzubinden: Bei der Rechteckform der meisten Gartengrundstücke – die Terrasse liegt gewöhnlich an einer Schmalseite – erfüllt diesen Zweck zum Beispiel ein Weg im Stil der Terrasse, der von der Terrasse zum Sitzplatz im letzten Drittel einer Längsseite führt. Achten Sie bei der Anlage eines zusätzlichen, dauerhaften Sitzplatzes unbedingt auf den Ausblick, der sich von hier aus bietet. Durch eine „Rückwand" wie Mauer, Holz oder Hecke lassen sich selbst große, unschöne Objekte außerhalb der Gartengrenzen verbergen – schauen Sie einfach in Ihren Garten statt sich über ein hässliches Gebäude außerhalb zu ärgern. Um die Wirkung eines größeren Sitzplatzes zu überprüfen – immerhin wird er Ihren Garten für viele Jahre schmücken – sollten Sie ihn zunächst mit „Stuhl-Dummys" einrichten: Stellen Sie preiswerte Kunststoff- oder Klappstühle an den vorgesehen Ort des Sitzplatzes und betrachten Sie ihn aus mehreren Blickrichtungen. Lassen Sie die Dummys mehrere Tage lang stehen, schauen Sie sich das Ergebnis morgens und in der Dämmerung an, bis Sie sicher sind, dass Ihr geplanter Sitzplatz ein Erfolg wird. Stellen Sie die Dummys so lange um, bis Sie das Ergebnis restlos überzeugt, dann können Sie entweder selbst zur Schaufel greifen oder einen Fachmann für die notwendigen Arbeiten bestellen.

Sitzplatz	Flächenbedarf*	Boden
Einzelsitz, gelegentlich genutzt	100 × 120 cm oder 120 cm Ø	keine Pflasterung erforderlich
Einzelsitz, häufig genutzt	120 × 150 cm oder 150 cm Ø	Pflasterung erforderlich, Raum für Beistelltisch oder Schemel
Bank	(Bankbreite + 100 cm) × 150 cm	Pflasterung erforderlich, wenn die Bank regelmäßig genutzt wird, Raum für Beistelltisch oder Schemel
Liegestuhl	100 × 220 cm	keine Pflasterung erforderlich
Holz-Liegestuhl im Deck-Chair-Stil	100 × 250 cm	Pflasterung empfehlenswert, aber nicht unbedingt erforderlich; zur Schonung des Rasens regelmäßig umsetzen
Caféhaustisch, rund, für 2–3 Personen	Tischdurchmesser + 180 cm	Pflasterung kreisförmig oder quadratisch
Esstisch für mehrere Personen	Tischmaße + 100 cm auf allen Seiten	Pflasterung unbedingt erforderlich; Extrafläche für Beistelltisch oder Barwagen
Esstisch mit Grillplatz	wie oben, dazu mindestens 150 cm Abstand zum Grill	Pflasterung unbedingt erforderlich; Extrafläche für Beistelltisch oder Barwagen

* Die angegebenen Werte stellen Annäherungen dar, die zudem eher nach unten tendieren. Je mehr Fläche man dem Sitzplatz zuordnet, desto großzügiger erscheint er und desto eher lässt er sich durch zusätzliche Elemente wie zum Beispiel Kübelpflanzen, Beistelltische, Lampen oder Fackeln aufwerten.

Die zierlichen Formen der Metallsitzmöbel fügen sich elegant und völlig unaufdringlich in eine harmonische Gartenlandschaft ein.

Mit einer Sissinghurst-Bank darf man sich – als Betrachter oder Benutzer – wie in einem englischen Garten fühlen.

Auch diese Teakholzbank ist attraktiver Blickpunkt, eingebettet in einen Rhododendronwall.

Selbst ein „einfacher" Klappstuhl kann in stimmiger Umgebung zum Highlight werden.

Dieser Sitzplatz ist Teil einer perfekt gestalteten und inszenierten Gartenkulisse. Ein Highlight ganz besonderer Art.

Mediterrane Atmosphäre und Leichtigkeit vermittelt diese attraktive Korbstuhlgruppe. Auf der großzügigen Holzterrasse können die Gartenbesitzer die wärmenden Strahlen der Abendsonne genießen.

Ausstattung des Sitzplatzes

Die Gestaltung des Sitzplatzes – unabhängig von seiner Lage im Garten – sollte den Bodenbelag, die eigentlichen Sitzmöbel und die Umgebung einbeziehen. Für die Nahwirkung, das heißt für die Benutzer des Sitzplatzes, sind alle drei Faktoren von gleicher Bedeutung, während die Fernwirkung, das heißt der Anblick des Arrangements, weitgehend durch die Möbel und ihre direkte Umgebung bestimmt wird.

Was in Kapitel II zum Wegbelag ausgeführt wurde, gilt grundsätzlich auch für Sitzplätze. Hier sollte man allerdings darauf achten, dass die Böden unter Essplätzen möglichst eben und gleichförmig ausgeführt werden; es macht wenig Freude, vor jedem Essen den Tisch auf „urigem" Feldgestein mit Keilen in die Waagerechte bringen zu müssen. Die unterschiedlichen Möglichkeiten werden durch die Bildbeispiele untermalt. Ein Holzdeck wie zum Beispiel auf der linken Seite ist völlig eben, sieht elegant aus und ist bei entsprechendem Aufbau und Pflege sehr lange haltbar. Das gleiche gilt für verlegte Ziegelsteine wie in der Abbildung auf Seite 96, während Rasen wie auf Seite 93 oder Pflastersteine, Beispiel auf Seite 96 unten links, zwar sehr hübsch aussehen, für einen größeren Sitzplatz aber nur unvollkommen geeignet sind. Ein Untergrund, der aus unterschiedlichen Materialien oder Steinen zusammengestellt wird, wirkt besonders abwechslungsreich wie in der Abbildung auf Seite 100.

Bei dem fast unübersehbar großen Angebot der Möbelhäuser, Gartencenter, Baumärkte und nicht zuletzt der spezialisierten Versender kann die Wahl der Gartenmöbel in der Tat zur sprichwörtlichen Qual werden. Die Tabelle auf dieser Seite stellt die wichtigsten Typen von Sitzmöbeln mit ihren Vor- und Nachteilen vor. Da Gartenstühle und -bänke von hoher Qualität nun einmal ihren Preis haben, sollte man gründlich überlegen und in Ruhe aussuchen. In der Zwischenzeit sitzt man eben auf Billigmaterial. Der gesunde Menschenverstand irrt sich nur selten: Wir sind relativ schnell dazu bereit, ein paar wirklich preiswerte Plastikmöbel zu entsorgen oder sie für Überraschungsgäste im Keller zu stapeln und gegen teure, hochwertige Stühle auszutauschen. Waren die Gartenstühle dagegen nur etwas teurer, bleiben sie erst einmal stehen …

Während Tisch und Stühle als Gruppe wirken und daher möglichst gleichförmig sein sollten, siehe die nebenstehende Szene, die Teakholzgarnitur wie auf Seite 101 oder auch der kleine Teetisch unter einem Baum auf Seite 96 oben links, kann man einzelne Sitze isoliert und gezielt wie eine Gartenplastik einsetzen. Dabei braucht man nicht unbedingt „echte" historische Objekte wie die englische Gartenbank, deren Originale im Garten von Sissinghurst stehen. Es kommt einzig darauf an, ein Möbel zu finden, das mit Material und Ausführung die Blicke fesselt. In

Sitzgelegenheiten – Material und Design	Eigenschaften	Wirkung
Kunststoffmöbel	preiswert, leicht, meist stapelbar, winterfest	sehen „billig" aus, nicht als Highlight geeignet, aber gut für spontane Gäste
Klappstühle aus Holz	z. T. recht preiswert und leicht, gut zu verstauen	praktisch, aber nicht als Highlight zu gebrauchen (Ausnahmen sind Teakholzmöbel im englischen Stil, z. B. Seite 96, rechts unten)
Liegestühle	preiswerte, einfache Modelle mit Rahmen und Tuch bis hin zu teuren Deck Chairs aus Edelholz	erstere gut für das schnelle, spontane Nickerchen zwischendurch, letztere sind echte „Hingucker", Preisvergleiche und Stöbern lohnen sich!
Holzstühle	Preis je nach Ausführung, alle Hölzer außer Tropenhölzern brauchen regelmäßigen Anstrich und sind nicht winterfest	ideal für den Essplatz im Freien, Modelle hoher Qualität auch als „Solitär"
Holzstühle, „historische" Modelle	in der Regel aus Tropenholz, daher sehr teuer und nicht überall im Angebot, winterfest	in passender Umgebung ausgesprochen attraktive Highlights
Metallstühle	sehr breites Angebot, von stapelbaren Metallgitterstühlen bis hin zu nachempfundenen historischen Caféhausstühlchen, Preise entsprechend unterschiedlich, nicht ummantelte Modelle unbedingt durch Anstrich vor Rost schützen!	einfache Modelle gut für einen Essplatz, attraktive Formen auch als Blickpunkte, manchmal unbequem!
Steinbänke	schwer, meist relativ teuer (vor allem sehr gute Repliken), extrem pflegeleicht, winterfest	wunderschöne Blickpunkte, vor allem, wenn sie zu verwittern beginnen
Korbstühle	sehr variabel in Form und Preis, vertragen keine Feuchtigkeits	nur für den Sommer und überdachte Terrassen/Sitzplätze (außer man räumt sie nur bei Sonne ins Freie), dann aber äußerst ungewöhnlich und attraktiv
Sonderformen	Rundbänke um Bäume, Findlinge, gemauerte Sitze, Baumstümpfe und Wurzeln	je nach Gartensituation durchaus attraktiv

diesem Sinn kommt selbst ein einfacher Klappstuhl rechts zu Ehren. Bildbeispiele finden Sie hierzu jeweils auf Seite 96. Natürlich fallen ungewöhnliche Sitzgelegenheiten, wie die Steinbank über Löwenfüßen oder eine Bank, deren morbider Charme des Alters auf lange Verweildauer im Garten schließen lässt, besonders auf. Gerade das letzte Beispiel sollte uns zu denken geben.

Wie Lampen scheinen die großen Blütenstände der Schmucklilien (Agapanthus) über diesem Terrassensitzplatz mit interessantem Bodenbelag zu schweben.

Die schlichte, geradlinige Schönheit englischer Gartenmöbel kommt auf einem Holzdeck, das hier von hohem Bambus eingerahmt ist, besonders wirkungsvoll zur Geltung.

In vielen berühmten Gärten dürfen die Stühle und Bänke in Ehren ergrauen – was bei unbehandeltem Teakholz sogar im Wortsinn geschieht. In vielen Hausgärten dagegen werden die teuren Sitzmöbel aus Teak oder anderem Tropenholz – es ist nicht schwierig, mehr als 1.000 Euro für eine Bank auszugeben – regelmäßig gereinigt, geschrubbt, mit dem Hochdruckreiniger sauber gesprüht oder gar gestrichen. Vielleicht sollten wir hier mehr riskieren und Zeit und Wetter ihre Arbeit tun lassen. Ein Gartenmöbel, das als Blickpunkt ganzjährig im Freien steht, muss nicht penibel gereinigt werden, sondern sollte wie eine Statue die Patina des Alters ansetzen dürfen. Auf diese Weise wird es mehr und mehr mit seiner Umgebung verschmelzen und immer reizvoller werden – von der gesparten Arbeit ganz zu schweigen. Das wichtigste Argument für Plastikstühle ist immer wieder, dass man sie leicht ein- oder ausräumen kann. Lässt man Möbel einfach stehen, erübrigt sich dieser vermeintliche Vorteil, den man oft mit einer mangelhaften Optik erkauft. Im Übrigen wirken Gartenmöbel, die das ganze Jahr im Freien bleiben dürfen, selbst im Winter noch attraktiv. Ohne die wuchtige Teakholzgarnitur im englischen Stil erschiene der Sitzplatz auf der nebenstehenden Seite völlig „normal". Durch die geraden Linien, die sich auch unter der vereinigenden Schneedecke gegen die zahlreichen runden und unregelmäßigen Pflanzenformen abzeichnen, entsteht jedoch ein starker Formkontrast. Beim Betrachten des Bildes – noch mehr in der Realität – wandert das Auge immer wieder ins Zentrum zu den Möbeln. Dagegen ist die Patina des Alters, die sich im nächsten Frühling sicher noch intensiviert hat, ein leicht zu verschmerzender „Nachteil".

In der Regel noch wichtiger als die Ausstattung mit Gartenmöbeln ist die Umgebung, in die ein Sitzplatz eingefügt wird. Während man bei Essplätzen relativ stark an die räumlichen Gegebenheiten seines Gartens gebunden ist – man kann eben nicht überall ein paar Quadratmeter erübrigen – lassen sich Einzelmöbel wie Bänke oder Stühle genauso „verplanen" wie die bereits im vorigen Kapitel behandelten Objekte. Damit gelten auch für Stühle und Bänke die Prinzipien für die Gestaltung von Highlights: Man kann sie optimal präsentieren, in einen Rahmen setzen, sie überraschend oder als Bruch einer homogenen Gartenlandschaft aufstellen. Vor allem jedoch lassen sich Einzelsitze wunderschön mit der vorhandenen Vegetation kombinieren. Dies kann in Form eines szenischen Blickpunktes geschehen – dann wird der Sitz zum Bestandteil eines Beetes – oder um die Wirkung eines pflanzlichen Solitärs zu unterstreichen. Außerhalb der „Sternschnuppenzeit" des Solitärs übernimmt dann der Sitz die Funktion des Blickpunktes. Einige Bildbeispiele mögen dies verdeutlichen. Die bereits erwähnte Gartenszene auf Seite 97 setzt nur auf eine einzige Farbe – Grün. Dennoch entsteht keineswegs der Eindruck von Langeweile oder Eintönigkeit, da man bei der Planung dieses Gartenbereiches auf eine ausgewogene Mischung unterschiedlichster Formen geachtet hat. Übrigens ist dieser Garten ein bemerkenswertes Beispiel für die Geduld eines passionierten Gärtners, denn es dauert viele Jahre, bis die in Form geschnittenen Sträucher in solcher Pracht wachsen und gedeihen. Die beiden Stühle dienen hier als fremdes Element; mit ihren harten, geraden Kanten inmitten von organisch-runden Formen stellen sie einen markanten Bruch dar. Sie ziehen die Blicke auf sich und werten gleichzeitig ihre Umgebung auf. Mit nur einem Stuhl und Sträuchern, die von sich aus zu weichen, gerundeten Formen heranwachsen, kann man diesen Effekt auch mit geringerem Aufwand in kleineren Gärten erreichen. Noch kontrastreicher wurde die auf Seite 96 gezeigte Szene gestaltet. Die breite Sissinghurst-Bank mit ihren ausgeprägt waagerechten Linien bildet einen Gegenpol zu den üppig und wild nach oben strebenden Blättern – man hat den Eindruck, hier konkurriert Erdverbundenheit mit wilder Aufbruchstimmung. Bei den nächsten beiden Beispielen ordnen sich die Sitze dagegen der Vegetation unter. Die steinerne Bank mit ihren beiden Löwenfüßen auf Seite 94 wäre im Freistand mehr als auffällig. Hier scheint sie fast aus dem panaschierten Strauch herauszuwachsen, dessen Blattfarben im Frühling wunderschön von den blühenden Osterglocken aufgenommen werden. Wie bereits bei den Statuen besprochen, muss auch eine solche Bank erst Anzeichen von Verwitterung zeigen, ehe sie zum Bestandteil der Gartenlandschaft wird. Noch besser ist diese Verschmelzung von Sitz und Umgebung bei dem einzelnen Stuhl auf Seite 92 gelungen, der sich bescheiden an die Mauer drückt. Soll man sich wirklich in diesen Stuhl setzen und das Bild zerstören?

Gartengebäude

In unserem Zusammenhang geht es natürlich nicht um Geräteschuppen, sondern um Gartengebäude, die sich wie eine Großplastik in das Gesamtbild eines Gartens einfügen. Ehe man sich für eines der pavillon- oder hausartigen Modelle entscheidet, die im Fachhandel oder per Katalog angeboten werden, sollte man zunächst in Betracht ziehen, seinen Sitzplatz durch einen Überbau (Laube, Pergola) aufzuwerten. Für die Bepflanzung kann man die Tabelle auf Seite 24 zu Rate ziehen, denn die dort aufgeführten Kletterpflanzen eignen sich auch für einen grün-bunten Sitzplatz. Nur ein Gartenbesitzer, der über wirklich genügend Platz in seinem Garten verfügt, sollte sich ernsthaft mit dem Bau eines Gebäudes befassen. Stecken Sie nach der Auswahl eines Gebäudes – noch vor dem Kauf! – die Grundfläche im Garten mit einer kräftigen Schnur ab, um die Wirkung zu überprüfen. Berücksichtigen Sie auch das Volumen, das man annäherungsweise durch einige Bohnenstangen in der Höhe des späteren Pavillons simulieren kann. Fast immer sind Pavillons und andere Bauten zu wuchtig für kleine Gärten; Ausnahmen bestätigen nur die Regel! Die wenigen für dieses Buch ausgewählten Beispiele zeigen einige Typen und „Inszenierungsvorschläge". Am ehesten für kleine Gärten geeignet ist der kleine, offene Pavillon auf Seite 105. Die Grundfläche reicht gerade für eine dekorative Bank aus Korbgeflecht und ein rundes Tischchen

Teakholz kann das ganze Jahr über im Freien bleiben und scheint selbst unter der glitzernden Schneedecke einladend auf Benutzer zu warten.

Dieser zauberhafte Pavillon ist geschickt in die Gartenlandschaft eingebettet. Ein Garten-Highlight in Perfektion.

Dieser hübsche Pavillon bietet eine besondere Attraktion: Er sitzt auf einem drehbaren Sockel.

Wer in dieser Laube über dem Wasser Platz nimmt, vergisst den Stress des Alltags.

mit zwei Korbsesseln. Dank der Farbgebung – Grün und Rot, das im Pflaster nochmals auftaucht – fügt sich der Pavillon bestens in das Ambiente des Gartens ein. Ein Übriges tun die Kübelpflanzen, die zwischen Garten und Häuschen vermitteln und Teile der Front abdecken. Viele Verzierungen brechen große, glatte Flächen. Am Ende einer offenen Blickachse bietet dieser Pavillon ein prächtiges Bild. Ganz anders der oben rechts abgebildete Gitter-Pavillon. Durch seinen reinweißen Anstrich, die Gitterkonstruktion und die Kugel auf dem leicht pagodenartig geschwungenen Dach bildet er ein spektakuläres Highlight, das keiner „Bestätigung" durch andere Gartenelemente bedarf. Zur Inszenierung gehört weiterhin der weiß gestrichene Steg, der gar nicht erst versucht, eine organische Verbindung zum Wasser herzustellen. Dieser wunderschöne Pavillon erinnert an den Zauber des Orients, an warme Sommernächte – um jedoch diese Atmosphäre zu erzeugen, müssen Garten und Teich groß genug sein. Auch das runde Gartenhaus auf Seite 104 ist in Wirklichkeit größer, als es erscheint; benutzen Sie den Liegestuhl als Größenmaßstab. Das Interessante an diesem Beispiel ist die Art, wie der Pavillon in den Garten integriert wurde: Er steht auf einer gepflasterten Unterlage, die sich in flachen, breiten und bogenförmigen Stufen über die Gartenebene erhebt. Damit ist der Pavillon jederzeit trockenen Fußes zu erreichen. Dennoch erscheint die Pflasterung aus Natur- und Ziegelsteinen nicht unharmonisch. Die äußerst geschickte Bepflanzung der eingeschobenen Beete beziehungsweise der Kübel verdecken die Pflasterung teilweise und binden sie in den Garten ein.

> **Tipp!**
>
> Einen guten Kompromiss zwischen Sitzbank und Pavillon stellen die so genannten Bankpavillons oder vielleicht auch ein Strandkorb dar. Sie bestehen im Wesentlichen aus einer überdachten Bank mit Rückwand und lassen sich auch in kleineren Gärten aufstellen.

Der rechteckige Teich strahlt mit seinen geraden Linien, den edlen weißen Tulpen (Tulipa 'White Triumphator') und der Statue eine Würde aus, die an die Fürstenhöfe der Vergangenheit erinnert.

Wasser im Garten – beruhigend und schön

Bei dem Gedanken an Wasser im Garten geraten viele Gartenbesitzer ins Schwärmen – und das ganz sicher zu Recht: Wasser ist ein äußerst „lebendiges" Gestaltungselement. Es scheint ständig in Bewegung, mal kräuselt es sich in leichter Brise, dann entfacht ein kräftiger Wind einen kleinen Sturm oder Wasser trinkende Vögel schicken kreisrunde Wellen über die Wasseroberfläche. Je nach Wetterlage erscheint die Wasseroberfläche wie ein glatter Spiegel, der Himmel oder Pflanzen widerspiegelt, dann wieder ist der Spiegel „blind". Man hört das regelmäßige, beruhigende Geräusch eines plätschernden Baches oder Springbrunnens und das laute Klatschen, wenn ein Frosch ins Wasser hüpft. Warum sollte man sich also Gedanken über die Umgestaltung einer Teichlandschaft zu einem Highlight machen, wenn das Element Wasser an sich bereits faszinierend ist? Gerade bei der Planung und Gestaltung einer Wasserfläche beziehungsweise bewegten Wassers kommt es jedoch sowohl auf den „großen Wurf" wie die Details an. Die üblichen Gartenteiche sind meist zu klein und oft so stark mit Wasserpflanzen überwuchert, dass sie kaum als Highlight zur Geltung kommen. Solche „naturnahen" Teiche sind meist die Folge einer eigentlich wünschenswerten Entscheidung – den Teich „natürlich" erscheinen zu lassen und ihn mit Leben zu erfüllen. In der Tat bietet bereits ein kleiner Teich der heimischen Tierwelt zahlreiche Rückzugsorte, sofern er entsprechend bepflanzt wurde, einen flachen Zugang für Amphibien und Vögel besitzt und weitgehend sich selbst überlassen bleibt (Fachbücher über Gartenteiche geben hier kompetente Auskunft). Ein wirklich naturnaher Teich mit Tiefenstufen und freier Wasserfläche bis hin zur feuchten Randbepflanzung hat jedoch einen Flächenbedarf von etwa 20–25 m². Selbstverständlich kann auch solch ein naturnaher Teich zum Highlight des Gartens werden, doch dann vorwiegend durch die Bepflanzung von Wasser und Ufer, die ihre Wirkung als szenischer Blickpunkt oder in Form von Solitären entfalten. Für die überaus attraktiven Pflanzen des Übergangsbereiches zwischen Flachwasser und Ufer braucht man gar keinen Teich: Sie gedeihen bestens in einem Sumpfbeet ohne offene Wasserfläche, das in 30 cm Tiefe durch eine Folie abgedichtet wird.

Wird ein Teich nicht als naturnaher Biotop, sondern vorrangig als ästhetisches Gestaltungselement eingeplant, kann man ganz anders vorgehen. Als „künstliche" Natur von Menschenhand muss er nicht wie in der Natur aussehen; hier bieten sich alle Möglichkeiten der Gestaltung an – vom repräsentativ eingesenkten Bassin über das frei stehende Teichbecken wie auf Seite 115 bis zum Brunnenteich auf Seite 144. Daher wird im Folgenden nicht die Anlage eines naturnahen Teiches oder Wasserlaufes – Aushub, Abdichtung, Wasserversorgung, Bepflanzung – im Vordergrund stehen, sondern Fragen zur ästhetischen Gestaltung von Wasserflächen und ihrer Umgebung.

Bei diesem Highlight stimmt einfach alles – die prächtige und trotzdem natürlich eingewachsene Uferzone ist eine Traumkulisse für diese Bronzeplastik mit aufsteigenden Enten.

Die großen Terrakottakübel mit weißen Tulpen (Tulipa 'White Triumphator') markieren die Eckpunkte des formalen Wasserbeckens, das den Himmel spiegelt und damit die Grenzen des Gartens sprengt.

Dieses kreisrunde Becken wirkt wie das Zitat eines „echten" Teiches. Eine in die Rundung der Buchshecke (Buxus) eingefasste Steinbank lädt zum Verweilen ein.

Ein zauberhaftes Staudenbeet verbindet hier zwei Hauptattraktionen, den Teich und das stilvolle Gartenhaus. Die beiden Bouganvilleen-Hochstämmchen und der Bronzereiher im Schilf bieten weitere Attraktionen, die das Auge in dieser Gartenszenerie halten und begeistern.

Wasser und Brücken gehören zusammen; hier bildet die Brücke mit den geraden, engen Linien einen markanten Kontrast zu den weichen, runden Formen der Pflanzen.

Ein Ahorn (Acer palmatum) mit zerschlitzten Blättern, der Steg und die geometrisch perfekten Halbkugeln fügen sich zu einem Mosaik aus Farben und Formen.

Eine Wasserlandschaft, die zum Highlight des Gartens werden soll, muss entsprechend präsentiert werden. Dazu gehören die Position innerhalb des Gartengrundstücks, die Form von Teich oder Wasserlauf und schließlich die Gestaltung der Umgebung.

Position

Ein wirkungsvoller Teich sollte nicht deplatziert erscheinen, sondern durch eine Blickachse betont werden, als Überraschungseffekt hinter Sträuchern aber ruhig auch „wie auf dem Präsentierteller" erscheinen. Das Teichbecken auf Seite 115 mag als Beispiel für eine axiale Anordnung dienen: Über die regelmäßige Wasserfläche wird der Blick durch den schmalen Weg in die Ferne gezogen, findet aber bereits an der quer verlaufenden Hecke neuen Halt. Auch das völlig regelmäßige und fast schmucklose Becken auf Seite 108 liegt mitten im Blickfeld des Betrachters. Solche Teiche lassen die repräsentativen Wasserachsen der fürstlichen Gärten anklingen – was hier durch die beiden mächtigen Kübel noch unterstrichen wird – brauchen allerdings genügend Raum, um zur Geltung zu kommen. Als Überraschung, insbesondere da kaum freie Wasserfläche sichtbar ist, erscheint dagegen der naturnahe Teich auf Seite 112 – übrigens ein prächtiges Beispiel für einen szenischen Blickpunkt aus Sumpfpflanzen! Auch das Brunnenbecken mit dem plätschernden Wasserstrahl auf Seite 114 wird man zwar aus der Entfernung hören, im Detail aber erst dann genießen können, wenn man es hinter dem üppigen Bewuchs aufgespürt hat.

Sehr ungewöhnlich ist auch die Lage des winzigen Teichbeckens auf Seite 109. Es bleibt so lange verborgen, bis man den Weg um die beschnittenen Buchsbaumhecken beschreitet und direkt vor ihm steht. Die in das Heckenrund eingestellte Steinbank lädt förmlich zum Innehalten und ruhigen Nachdenken ein. Fließendes Wasser – in Form eines Springbrunnens oder „natürlichen" Wasserlaufs – ist ein besonders interessantes Gestaltungselement, da nicht nur das Auge, sondern auch das Gehör betroffen ist. Springbrunnen, wie etwa die „Vögel" im Teich auf Seite 107, können zu Highlights mit ganz eigenem Reiz werden, da sie wie eine Gartenplastik eingesetzt werden. Dagegen wird ein geschickt verborgener kleiner Wasserfall erst dann zum sichtbaren szenischen Highlight, wenn man beinahe vor ihm steht, wie auf Seite 113 gezeigt.

Die Trittsteine scheinen den Betrachter in eine Moorlandschaft mit gelbem Pfennigskraut (Lysimachia nummularia), Primeln (Primula alpicola 'Luna'), Seerosen (Nymphaea), Schwertlilien (Iris pseudacorus) und Farnen (Osmunda regalis) zu locken – ein gelungenes Beispiel für einen Weg, der die Phantasie beflügelt.

Form

Damit ein Teich selbst zum Akzent wird, sollte er möglichst klare Formen haben. Nicht ohne Grund gehen die hier ausgewählten Beispiele nur auf die Grundformen Rechteck, Quadrat oder Kreis zurück – abgesehen von den unregelmäßigen naturnahen Teichen. Kreise gelten seit alters als vollkommene geometrische Formen und wurden daher immer wieder in Kunst, Architektur und eben auch in der Gartengestaltung eingesetzt. Kreise wirken in sich zentriert, sie haben sogar eine gewisse meditative Kraft. Das bereits erwähnte kleine, kreisrunde Teichbecken zwischen den Buchsbaumhecken auf der Seite 109 benutzt den Kreis sogar mehrfach: einerseits in der Umrissform, andererseits bei den fast runden Schwimmblättern der kleinen Seerose. Auf diese Weise entsteht ein besonders stimmiges Bild.

Das Rund des Brunnenbeckens wie auf Seite 114 wirkt dagegen ganz und gar nicht kontemplativ. Hier wird der Blick durch die Kreisform auf eine fröhliche, bewegte Szene gelenkt, die sich nicht nur in Form eines wasserspeienden Drachens – eine hübsche Idee, die mit dem Klischee der Drachensagen spielt – äußert, sondern auch durch die freie, üppige Bepflanzung der Umgebung. Auch das Quadrat ist eine sehr ruhige Form, die den Blick fesselt. Seine rechten Winkel und geraden Kanten bilden einen starken Kontrast zu jeglicher Form pflanzlichen Wuchses, spielen also mit dem Prinzip des Bruches. Diese wechselseitige Spannung zeigt sich besonders eindrucksvoll in dem bereits erwähnten erhöhten Teichbecken auf Seite 115. Die runden, schwimmenden Blätter kontrastieren mit den geraden Beckenrändern – gewissermaßen zweidimensional – die ihrerseits in einem noch markanteren Formkontrast zu den kugelig beschnittenen, also dreidimensionalen, Sträuchern stehen. Eine wunderschöne Szene und ohne Zweifel ein Highlight der Teichkultur. Je weiter die Quadratform in ein Rechteck überführt wird, desto stärker wird die Achsenwirkung des Teiches. Teiche dieser Art bildeten das Rückgrat vieler großer, formaler Gärten der Vergangenheit und bieten auch in unserer Zeit viele Vorteile: Sie sind einfach herzustellen, „pflegeleicht" und fügen sich auch in kleinere Gärten perfekt ein. Im Unterschied zu einem naturnahen Teich, der mit 2 m² Wasserflächen unter Umständen lächerlich wirkt, lässt sich ein 1 mal 2 m großer Rechteckteich zu einem wahren Schmuckstück gestalten, das gerade wegen seiner „Künstlichkeit" attraktiv aussieht.

Als Beispiel mag der etwas größere Teich auf Seite 106 dienen. Mit seiner völlig „pflanzenlosen" Oberfläche zeigt er Anklänge an barocke Spiegelteiche, deren einzige Aufgabe darin bestand, den Himmel widerzuspiegeln. Ob wie hier, eingeschlossen zwischen Hecken, oder frei und gut sichtbar vor einer Terrasse/Sitzplatz, die schmucklos einfache Form lenkt nicht ab – sie bildet nur den Rahmen für den „Spiegel". Die Statue dient hier als attraktiver Blickpunkt und verleiht der

Wie in der Natur rauscht dieser kleine Wasserfall zwischen den Osterglocken (Narcissus) und Tulpen (Tulipa) „zu Tal" – ein Frühlings-Highlight, das die Sinne betört.

Szenerie eine edle Würde. Selbstverständlich könnten auf einer freien Wasseroberfläche einige Seerosenblätter schwimmen, um einen Formkontrast zu erzeugen. Eine wiederum gänzlich andere Wirkung entsteht, wenn im Randbereich des Wassers sparsam eingesetzte, steil nach oben strebende Pflanzen wachsen, wie zum Beispiel Rohrkolben, Schilf und Binsen, oder Kübelpflanzen den Rand stärker akzentuieren.

Umgebung

Die letzte und sehr wirkungsvolle Möglichkeit, Teiche in Highlights zu verwandeln, ist die Gestaltung der Umgebung mit Hilfe von Pflanzen, Gartenplastiken oder anderen Objekten. Für die Gartenskulpturen, hier also vor allem am Teichrand oder als Wasserspeier, gelten dieselben Prinzipien, die bereits in Kapitel IV erörtert wurden, allen voran die Empfehlung, sich auf die eigenen Vorlieben zu verlassen: Was dem einen Gartenbesitzer als schmückende Bereicherung eines Teiches erscheint, könnte ein anderer mit demselben Recht als Kitsch empfinden – und umgekehrt.

Der verspielt-fröhliche Wasserspeier unterstreicht hier die gewollte, märchenhafte Anmutung des Brunnens, der sich dem Betrachter, wie zufällig entdeckt, im dichten Grün präsentiert.

Allerdings sollten Sie möglichst darauf achten, dass die Teichplastik in einem inneren Zusammenhang mit dem Ensemble steht. Der lustige, wasserspeiende Drache sähe im Freistand neben dem formalen Teich auf Seite 106 völlig deplatziert aus – es sei denn, es ist Ihr ganz persönlicher Stil, durch harte Kontraste zu provozieren! Keinen Fehler macht man mit Kübeln, die direkt oder in gewisser Entfernung zum Wasserrand aufgestellt werden, wie mehrere Bildbeispiele in diesem Kapitel belegen.

Viele japanische Gärten spielen mit dem Bild der Brücke, die über einen Wasserlauf führt. Die Verbindung von Wasser und Brücke ist auch in unserer Kultur so stark verankert, dass man mit diesem Element spielen kann. Das muss keineswegs eine „echte" Brücke sein, ein Steg reicht bereits völlig aus. Beim Anblick der Natursteinplatten, die zwischen den Flachwasser- und Sumpfpflanzen hindurch führen, wie zum Beispiel auf Seite 112, assoziieren wir Moor, Gefahr, aber auch sichere Passage – wenn solche „Bilder im Kopf" durch die Gartenrealität bedient werden, entstehen Highlights. Selbst so einfache Stege, wie auf Seite 111 gezeigt, rufen das Bild einer Brücke wach und verwandeln Teiche und Wasserläufe in kleine Landschaften von großem Reiz. Das Überqueren von Wasser ruft seit jeher im Menschen starke Emotionen wach, vermutlich, weil der Weg ans andere Ufer vor Urzeiten noch mit großer Gefahr verbunden war.

Zum Abschluss noch einige Hinweise auf die Randbepflanzung von Teichen, die selbstverständlich nicht erschöpfend sein können. Anders als bei frei stehenden Solitären oder szenischen Blickpunkten sollte man bei den „Highlight-Pflanzen" am Teichrand stets die spiegelnde Wasseroberfläche mit einbeziehen. Das ist auf perfekte Weise bei der Bepflanzung gelungen, die auf Seite 116 zu sehen ist. Das herbstliche Farbenspiel der Blätter wird durch den klaren Spiegel verdoppelt – bei einer so gelungenen Gestaltung sehnt man sogar den Herbst herbei. Fast dschungelartig dicht erscheint die Randbepflanzung des Teiches auf Seite 117. Schon die fast metergroßen Blätter des Mammutblattes (*Gunnera manicata*) sind wahre „Hingucker"; die kuppelartigen Büschel der Funkien (*Hosta*) und die schmal aufstrebenden Blätter der Schwertlilien (*Iris*) sorgen für wohltuenden Kontrast. Was dieses szenische Highlight zusätzlich akzentuiert, ist der kleine Wasserspeier zu Füßen der Pflanzen. Wiederum gänzlich anders ist die Stimmung des kleinen Wasserfalls, der „wie in der Natur" zwischen bemoosten Steinen „in die Tiefe" stürzt. Zusammen mit der dichten, fast explodierenden Frühjahrsblüte entsteht ein aufregend erfrischendes Frühlingsgefühl, dem sich wirklich niemand so einfach entziehen kann.

Wasser – für den kurzen Urlaub im eigenen Garten

Auch wenn Wasser heute vermeintlich aus dem Wasserhahn kommt, hat dieses Element kein bißchen von seiner Anziehungskraft auf Menschen verloren, schließlich war das Vorhandensein einer Quelle, eines Bachs oder eines kleinen Sees Jahrtausende lang lebensnotwendige Bedingung zum Überleben. Wasser in der Nähe beruhigt uns aus diesem Grunde noch heute. Darüber hinaus verbinden viele Menschen mit dem Plätschern von Wasser und reflektierten Sonnenstrahlen einer Wasseroberfläche das Gefühl von Urlaub und Erholung. Gründe genug, sich dieses Wohlgefühl in den Garten zu holen. Der spätere Blick aus dem Liegestuhl auf die leicht bewegte Wasseroberfläche oder einen Springbrunnen belohnt allemal für die Mühen, die die Anlage eines Teiches oder Bachlaufs bedeuten – vom Nutzwert für die heimische Klein-Tierwelt ganz abgesehen. Denken Sie jedoch bitte daran, dass Wasserflächen aller Art für unbeaufsichtigte Kleinkinder grundsätzlich unzugänglich sein müssen!

Dieses Teichbecken ist Teil einer fast perfekt spiegelbildlich inszenierten Gartenlandschaft – von den gelb-grünen Wolken des Frauenmantels (Alchemilla mollis) am Teichrand, den Töpfen, Buchskugeln (Buxus) und -hecken bis hin zu den weiß gesäumten Funkien (Hosta).

Die großen Blätter des Schildblattes (Darmera peltata) verfärben sich nach den ersten Nachtfrösten besonders intensiv. Die Wirkung als Highlight wird durch die Reflexion im Wasser noch verstärkt.

Funkien (Hosta), die riesigen Blätter des Mammutblattes (Gunnera manicata), Schwertlilien (Iris pseudacorus) und die Rhododendren im Hintergrund bilden eine dschungelartige Uferlandschaft.

Die schnittfähigen Hainbuchenhecken (Carpinus betulus) sind zwar nicht immergrün, behalten aber im Winter ihre braunen Blätter. Für solche Bögen werden die Zweige zunächst über ein Gerüst aus Holz oder Metall erzogen.

Auch die immergrünen Lebensbäume (Thuja) vertragen Schnitt. Allerdings ist das Angebot an Sorten mit bestimmten Formen (Säulen, Kegel, ausladender Wuchs) recht groß, sodass sich die Schnittmaßnahmen auf das Glätten beschränken.

Obwohl die Eibe (Taxus baccata) in englischen Gärten seit Jahrhunderten als schnittfähige, immergrüne Heckenpflanze geschätzt wird, lehnen sie viele private Gärtner als zu langsam wachsend ab – wie man hier sieht, lohnt sich die Wartezeit.

Die heimische Rotbuche (Fagus sylvatica), hier in Form einer Blutbuche mit dunkelbraunroten Blättern, verträgt als Heckenpflanze zwar ebenfalls Schnitt, behält aber in der Regel ihr etwas „wilderes" Aussehen.

Ideen und Tipps für die Praxis

Schnitthecken und blühende Hecken

Ob Schnitthecken das regelmäßige Beschneiden tolerieren beziehungsweise es sogar benötigen oder lockere Hecken später zum Highlight avancieren, entscheidet sich in der Tat bereits bei der Pflanzung, daher sind die folgenden Tipps unbedingte Voraussetzung für ihr optimales Gedeihen.

Auswahl und Pflanzzeit. Kaufen Sie Ihre Gehölze in renommierten Baumschulen, immerhin wollen Sie ein Highlight gestalten. Nur in einer guten Baumschule finden Sie kompetente Beratung, nur dort nimmt man sich die Zeit, das bestmögliche Gehölz für Ihre Zwecke zu finden. Auch wenn man Sträucher, die in Containern geliefert werden, grundsätzlich das ganze Jahr über einpflanzen kann, lohnt es sich, die klassischen Pflanzzeiten zu beachten: Empfindliche Gehölze werden am besten im Frühling, noch vor dem Austrieb der Blätter, gepflanzt, alle übrigen im Herbst. Immergrüne Laub- und Nadelgehölze, die im Winter Wasser über ihre grünen Teile abgeben (Transpiration), brauchen ein gut ausgebildetes Wurzelwerk; sie kommen im frühen Herbst oder im Frühling in die Erde. Schnitthecken wie Buchsbaum oder Liguster werden ohnehin nur im Herbst als „Meterware" in Gebinden mit nackten Wurzeln geliefert. Diese Ausführungen gelten auch für die unten behandelten Solitärgehölze.

[!] Für eine optimale Beratung sollten Sie einige Standortfaktoren wie Zweck und Höhe der geplanten Hecke, Länge der Heckenfront, maximale Breite der ausgewachsenen Hecke, Art des Bodens (eher sandig oder eher tonig), Belichtung des Standorts (Sonne oder Schatten) kennen.

Vorbereitung der Sträucher. Ein Fehler, der relativ häufig gemacht wird, ist das zu schnelle Einpflanzen. Gehölze mit nackten Wurzeln oder mit Ballen kommen zunächst in einen Eimer Wasser, bis keinerlei Luftblasen mehr aufsteigen. Containerpflanzen werden aus dem Gefäß genommen und das Wurzelwerk ebenfalls vollständig untergetaucht. Prüfen Sie unbedingt, ob das Wurzelwerk verfilzt, ist und lockern Sie es gegebenenfalls mit den Händen vorsichtig auf.

[!] Es ist besser, die gut gewässerten Pflanzen bis zum nächsten Wochenende provisorisch einzuschlagen, das heißt in einen flachen Graben legen und die Wurzeln völlig mit Erde bedecken, als sie um jeden Preis – und dann oft übereilt und nachlässig – sofort einzupflanzen.

Die Hecke pflanzen. Nehmen Sie sich Zeit, um den Boden vorzubereiten. Fehler, die Sie beim Einpflanzen machen, lassen sich nie wieder ausmerzen. Fragen Sie genau nach, wie viel Abstand zum Nachbarn die jeweilige Gehölzart braucht, um sich optimal zu entfalten; bei manchen Schnitthecken passen bis zu sechs Pflanzen auf einen laufenden Meter, bei lockeren Hecken ist der Abstand größer. Spannen Sie eine Schnur, um die Sträucher auszurichten – beachten Sie dabei die zu erwartende Endgröße. Dabei entspricht die Hälfte des endgültigen Strauchdurchmessers dem Abstand zur Grenze. Bei dicht stehenden Schnitthecken ziehen Sie in Betracht anstelle isolierter Pflanzlöcher einen Graben auszuheben. Lockern Sie mit der Grabgabel den Boden und die Wände des Grabens oder Pflanzlochs gründlich auf, damit die Feinwurzeln später leichter in den gewachsenen Boden vordringen können. Nur wenn sich das Wurzelwerk frei ausbreiten kann, kann sich der Strauch auf Dauer optimal entfalten. Vermischen Sie den Aushub mit Pflanzkompost, dann werden die Pflanzen eingesetzt, die Grube mit der Erde aufgefüllt und vorsichtig festgetreten; reichlich wässern!

[!] Nur wenn die Umgebung des Pflanzlochs tiefgründig gelockert und der Aushub aus Misch- und nicht aus reiner Komposterde besteht, vermeidet man den „Topfeffekt": In den ersten Jahren durchwurzeln die Feinwurzeln zwar den engen Bereich des Pflanzlochs, dringen dann aber nicht bis in den gewachsenen Boden vor, das heißt Wachstum und Blühfreudigkeit werden gehemmt, das Gehölz ist empfindlich gegen Trockenheit und Wind – zum Highlight wird diese Hecke niemals!

Pflanzschnitt. Die meisten Heckensträucher wachsen dichter, wenn sie unmittelbar nach dem Einpflanzen beschnitten werden. Als Faustregel gilt: Die Haupttriebe von Laubgehölzen werden um ein Drittel, die Seitentriebe um etwa die Hälfte eingekürzt. Nadelgehölze werden nur ausnahmsweise direkt nach der Pflanzung beschnitten. Fragen Sie unbedingt beim Kauf nach, wie Sie bei Ihrem speziellen Gehölz vorgehen müssen (Wurzel- und/oder Zweigschnitt).

[!] Ohne den korrekten Pflanzschnitt bilden die meisten Heckensträucher nicht genügend Verzweigungen aus; die Hecke wächst lückenhaft und kann später kaum noch optimiert werden.

Heckenschnitt. Die Gehölze von ein- oder mehrreihigen Hecken werden beim Schnitt wie Einzelgehölze im nächsten Unterkapitel behandelt. Da es hier große artspezifische Unterschiede gibt, sollten Sie sich beim Kauf des Gehölzes erkundigen. Die Schnittmaßnahmen sind in den Tabellen aufgeführt. Schnitthecken werden regelmäßig glatt beschnitten – immergrüne im Spätherbst oder Vorfrühling, Laub abwerfende Hecken während der Vegetationsruhe im Herbst oder Vorfrühling („Hauptschnitt"). Letztere schneidet man zusätzlich „kosmetisch" im Sommer, wobei man nur hervorstehende Zweige entfernt. Eine Schnitthecke erreicht nur dann ein prachtvolles Erscheinungsbild, wenn so viele schlafende Triebe wie möglich austreiben. In den ersten Jahren sollten Sie daher Ihre Ungeduld zügeln und während des Hauptschnittes eher etwas zu viel als zu wenig zurückschneiden – nur wenn die Triebspitze fehlt, treiben die Seitenknospen aus. Ein häufiges Problem ist das Verkahlen von Hecken im unteren Bereich, auch hier kann der Schnitt Abhilfe schaffen: Hecken werden im oberen Teil besser mit Wasser und Nährstoffen versorgt als unten, wachsen und verzweigen sich dort also stärker. Dieses Ungleichgewicht wird durch eine trapezförmig beschnittenen Hecke ausgeglichen – wobei der untere Teil breiter gelassen wird.

[!] Buchen- und Hainbuchenhecken vertragen auch senkrechte „Wände". Mehr über Schnitttechnik auf Seite 127.

Formschnitt

Obwohl der Formschnitt gewöhnlich mit formalen englischen Gärten (Topiary) in Verbindung gebracht wird, geht diese alte Kunst schon auf die Römer zurück; der Topiarius war ein Ziergärtner. Einfache geometrische Formen wie Kugeln, Kegel oder Pyramiden setzen wirkungsvolle und markante Effekte. Ein Anfänger sollte sich einen vorgezogenen, kugeligen oder kegelförmigen Buchsbaum kaufen und dessen weiteres Wachstum schneidend begleiten.

Auf diese Weise erwirbt man die erforderliche Fertigkeit und ein Gefühl für die Form. Reicht für die ersten Versuche noch eine normale Heckenschere aus, sollte man sich später ein spezielles Formschnitt-Besteck zulegen, das Sie im gutsortierten Fachhandel erhalten oder gegebenenfalls bestellen können. Bis ein Arrangement wie dieses vollendet ist, vergehen viele Jahre geduldigen Schnitts.

Die atemberaubende Präzision dieser Heckennische wird nur ein professioneller Gärtner erreichen, dennoch sollten Beispiele wie dieses auch den Laien dazu anregen, mehr zu tun, als mit der elektrischen Heckenschere wahllos über die Gehölzfläche zu streichen – nur wer sich intensiv mit einer Arbeitstechnik beschäftig und viel übt, kann ein Hecken-Highlight erschaffen. Voraussetzung für die ebenen senkrechten und waagerechten Schnittflächen sind hohe Stangen, eine Wasserwaage und eine Gartenschnur. Mehr zum technischen Vorgehen erfahren Sie auf Seite 127. Achten Sie vor allem auf Ihre Sicherheit. Bei Hecken wie dieser, die höher sind als 2 m, müssen Sie ein stabiles Gerüst aufbauen, auf dem Sie sich sicher bewegen können. Eine einfache Stehleiter ist zu umständlich, sie müsste ständig verrückt werden und erlaubt kaum präzise, gerade Schnitte.

Blühende Hecken als Highlight

Sofern Ihr Garten groß genug ist und die Hecke im Halbschatten bis Schatten liegt, lässt sich aus Rhododendren und den Laub abwerfenden Azaleen (auch sie gehören zur Gattung Rhododendron) eine relativ pflegeleichte Blütenhecke gestalten. Im Unterschied zu den meisten anderen Sträuchern brauchen Rhododendren jedoch einen sauren Untergrund. Damit eine Rhododendrengruppe zum Highlight wird, muss der Boden entsprechend vorbereitet werden. Prüfen Sie zunächst mit einem pH-Set den pH-Wert des Bodens; liegt er höher als pH 6, muss der Boden tiefgründig gelockert und der Aushub mit saurem Torfhumus vermischt werden. Auf basischen (kalkhaltigen) Böden ist eine Bepflanzung mit Rhododendren nicht zu empfehlen. Düngen Sie nach Packungsvorschrift regelmäßig mit Rhododendren-Dünger und drehen Sie Verblühtes mit der Hand ab.

Rosenhecken erreichen nur dann ihr bestes Erscheinungsbild, wenn sie auf tiefgründigem, lockerem und nicht zu trockenem Boden gepflanzt werden. Lassen Sie sich unbedingt in einer auf Rosen spezialisierten Gärtnerei beraten, welche Arten und/oder Sorten für Ihre Zwecke geeignet sind. Bei großflächigen Heckenpflanzungen bieten sich die sogenannten Wildrosen an, nicht gepfropfte (veredelte) Arten, die von eigenem Wurzelwerk versorgt werden. Sie überzeugen nicht nur durch zart duftende, einfache Blüten, sondern ab dem Spätsommer auch durch unterschiedlich große und geformte Hagebutten-Früchte. Beim Schnitt kommt es darauf an, stets eine genügend große Anzahl junger, blühfreudiger Triebe zu erhalten. Da Wildrosen von der Basis her austreiben, entfernt man im Vorfrühling alle Neutriebe bis auf zwei bis drei und schneidet alte Triebe bis auf einen jüngeren Trieb zurück.

Blütensträucher für Hecken

Name, Platz, Ansprüche		Pflanzen, Pflege	Bemerkungen, Schmuckwert
Berberitze (*Berberis* × *ottawensis*) Pflanzengattung mit etwa 190 Arten (immergrün und sommergrün); starke Verzweigung von der Basis her; die vorgestellte Hybride und ihre Stammart *(B. thunbergii)* sind sommergrün, je nach Sorte 1–4 m hoch; gelbe Blüten (Mai), korallenrote Früchte ab September; sonnig bis halbschattig		Regelmäßiger Erhaltungsschnitt: Dabei werden zu dicht stehende oder überkreuzte Zweige entfernt, der Neuaustrieb gekürzt und alte Zweige bis zum Boden zurückgeschnitten; anspruchslos, sollten als Flachwurzler aber gut gemulcht werden	*Berberis* × *ottawensis* zeichnet sich durch dichten, kräftigen Wuchs und zahlreiche Blüten aus; die Sorte 'Superba' hat tief-rot-braune Blätter; großer Schmuckwert dank Blättern, Blüten und Früchten; kann sogar in einer Schnitthecke stehen
Felsenbirne (*Amelanchier*) Sommergrüne Sträucher, dichter Wuchs, kaum Verzweigungen von der Basis; weiße, nach Honig duftende Blüten (April bis Mai); erbsengroße, purpurne bis schwarze Früchte im Herbst; Hängende F. *(A. laevis)* 2–4 m hoch, neutraler bis saurer Boden, Kupfer-F. *(A. lamarckii)*		Gedeihen am besten, wenn man sie in Ruhe lässt, dürfen aber nicht zu stark von anderen Pflanzen eingeengt werden; nicht kräftig beschneiden, nur vorsichtig auslichten; bei veredelten Formen Wildtriebe abschneiden; Boden mulchen, ansonsten anspruchslos	Felsenbirnen bieten sowohl mit Blüten als auch mit Früchten und danach mit farbigem Herbstlaub einen spektakulären Anblick; die Kupferfelsenbirne treibt zudem mit kupferroten Blättern aus – starker Kontrast zu den weißen Blüten
Forsythie (*Forsythia* × *intermedia*) Sommergrüne Arten und Sorten, stark verzweigte und später überhängende Zweige; je nach Sorte meist 2–4 m hoch (auch niedrigere Formen); überreiche gelbe Blüte (April bis Mai) noch vor den Blättern; sonnig		Regelmäßiger Erhaltungsschnitt nach der Blüte erforderlich; dabei werden zu dicht stehende oder überkreuzte Zweige entfernt, der Neuaustrieb gekürzt und alte Zweige bis zum Boden zurückgeschnitten; anspruchslos, vertragen alle Böden	Unverzichtbar als Frühlingsblüher und dann oft das einzige Highlight im Garten; während des Sommers allerdings wenig attraktiv, daher perfekt als Blickpunkt in einer Hecke oder im Hintergrund eines Beetes
Kornelkirsche (*Cornus mas*) Heimischer Hartriegel, stark verzweigt, lockerer Wuchs, sommergrün, 3–6 m hoch; kleine, aber zahlreiche gelbe Blüten (Februar bis April), leuchtend rote, längliche Früchte ab August; sonnig bis halbschattig		Völlig ungestörter Wuchs ist möglich, Erhaltungsschnitt kann erforderlich sein, wenn die Zweige zu dicht oder überkreuzt stehen, alte Zweige dürfen bis fast zum Boden zurückgeschnitten werden; robust und anspruchslos; regelmäßig mulchen	Blüht noch früher als die Forsythie und bietet daher einen wunderschönen Kontrast zu blau blühenden Zwiebelpflanzen; ideal als Solitär im Hintergrund oder in einer lockeren Hecke; kann aber auch in einer dichteren Hecke stehen und stärker beschnitten werden

Blütensträucher für Hecken

Blühende Sträucher für Hecken		Pflanzen, Pflege	Bemerkungen, Schmuckwert
Mahonie *(Mahonia aquifolium)* Immergrüner Strauch mit ledrigen, glänzenden Blättern, gefiedert und in Spitzen auslaufend; 80–150 cm hoch; reiche, gelbe, intensiv süßlich duftende Blüte (April bis Mai); blauschwarze Beeren ab Juli; schattenverträglich		Kein Rückschnitt erforderlich (außer bei wirklich störenden Zweigen); bis auf regelmäßiges Mulchen braucht dieser anspruchslose Strauch keine Pflege	Als Immergrüne mit geringen Ansprüchen an Boden und Belichtung ist die Mahonie ein idealer Partner für Heckensträucher, auch als Vordergrund für Koniferen; neben dem Schmuckwert der prächtigen Blüten können sich die Blätter bei Frost rötlich verfärben
Ranunkelstrauch *(Kerria japonica)* Sommergrüner Strauch mit rutenförmigen Trieben, etwas wuchernd; 1–2 m hoch, leuchtend gelbe Blüten (Mai bis Juli), gefüllt bei der Sorte 'Pleniflora' (Abb.); auffallend grüne Rinde; sonnig bis halbschattig		Regelmäßiger Erhaltungsschnitt nach der Blüte erforderlich; dabei werden zu dicht stehende oder überkreuzte Zweige sowie einige Neutriebe entfernt und alte Zweige bis zum Boden zurückgeschnitten; genügsam und anspruchslos, jeder Gartenboden	Da Ranunkelsträucher auch radikalen Schnitt vertragen, eignen sie sich gut als Blickpunkte innerhalb einer Hecke; im Freistand muss allerdings ihre Ausbreitung unter Kontrolle gehalten werden; hübsch aber nicht überwältigend im Sommer, daher besser im Hintergrund
Spierstrauch *(Spiraea)* Etwa 80 sommergrüne Arten (etwa 20 im Garten kultiviert) mit zahlreichen Sorten; einige (z.B. *Spiraea × arguta*) blühen früh (April), andere (z.B. *S. japonica*) erst im Sommer (Juni bis September); alle mit dicht stehenden, üppigen Blüten in Weiß, Rosa oder Rot; je nach Form 50 cm bis 2,50 m hoch; sonnig bis halbschattig		Bei Frühblühern werden die verblühten Triebe bis zum nächsten Langtrieb abgeschnitten; Sommerblüher brauchen nur bei Bedarf ausgelichtet zu werden; die Hybriden von *Spiraea japonica* 'Bumalda' werden regelmäßig im Spätherbst zurück- geschnitten; relativ anspruchslos	Obwohl sich die Arten und Sorten in der Form ihrer Blüten unterscheiden, eignen sie sich alle als blühende Highlights in einer lockeren Hecke; wegen der gestaffelten Blütezeiten kann eine Blüte vom Frühling bis in den Sommer hinein erreicht werden; gefüllte Sorten mit überhängenden Zweigen auch als Solitäre
Zierquitte *(Chaenomeles)* Vier Arten mit zahlreichen Sorten; verzweigen sich stark von der Basis her; je nach Art und Sorte zwischen 80 cm und 3 m hoch, sommergrün; Blütenfarben weiß bis dunkelrot, große, leuchtende Blüten (März bis April); tischtennisballgroße Früchte im Herbst; sonnig bis halbschattig		Vorsichtiger Erhaltungsschnitt erforderlich; dabei werden zu dicht stehende oder überkreuzte Zweige entfernt, nicht jedoch bei jungen Pflanzen; anspruchslos und robust; die Früchte können wie echte Quitten zu Gelee verarbeitet werden	Wenn sich die Sträucher frei entfalten dürfen, sehen sie am schönsten aus; allerdings kann es einige Jahre dauern, bis sie ihre volle Pracht erreicht haben; unschlagbar während der Blütezeit, sowohl innerhalb einer Hecke wie im Strauchbeet oder als Solitär

Wie das Beispiel dieses blühenden Schneeballs (Viburnum opulus) belegt, bedeutet „Solitär" nicht unbedingt ein frei stehendes Gehölz. Ein Strauch kann auch dann eine starke ästhetische Wirkung haben, wenn er sich in eine Bepflanzung einfügt. Zum Highlight wird er allerdings nur dann, wenn er zu einer bestimmten Zeit des Jahres durch eine spektakuläre Farbe auffällt – hier zur Blütezeit im Spätfrühling zusammen mit den auffälligen Bütenfarben der ebenfalls frühblühenden Azaleen. Der Schneeball zeichnet sich aber noch durch weitere Besonderheiten aus: Er stellt nur geringe Ansprüche an den Boden, verträgt Schatten, kann also auch unter hohen Bäumen wachsen, trägt ab dem Spätsommer Trauben von scharlachroten, auffälligen Früchten, die lange haften bleiben, und verfärbt sich im Herbst rosa bis tiefrot, ehe er seine Blätter verliert.

Gehölze – so werden Solitärgehölze zum Highlight

Neben den üblichen Maßnahmen – die Pflanzung wurde oben im Zusammenhang mit der Heckenpflanzung bereits erwähnt – verwandeln sich Solitärgehölze vor allem aufgrund der sorgfältigen Bodenpflege und mit einem optimalen Schnitt in Highlights.

Bodenart. Da die meisten Gehölze mit einem relativ breiten Spektrum an Bodenarten und -bedingungen zurecht kommen, kann man sie im „normalen" Garten ziemlich sorglos pflanzen: Das Gehölz wird in der Regel wachsen, blühen und gedeihen. Wer jedoch die optimale Performance seiner Pflanze – ein Highlight eben – anstrebt, sollte sich bereits im Vorfeld genau darüber informieren, welche Bodenart am späteren Standort des Gehölzes vorliegt – bei Solitären ist es noch wichtiger als bei einer Hecke. Den pH-Wert des Bodens bestimmt man mit einem einfachen pH-Set, die Bodenart mit der so genannten Krümelprobe: Je mehr eine angefeuchtete Bodenprobe aus ungefähr 15–20 cm Tiefe einem Knetgummi entspricht, desto tonreicher – wasserspeichernder, schwerer – ist der Boden. Je leichter er zerfällt, desto sandreicher – wasserdurchlässiger, leichter – ist er.

Bodenpflege. Auch wenn die Aufschriften auf manchen Düngerpackungen wahre Wunder versprechen, die mineralische Versorgung eines Gehölzes ist nicht der einzige Faktor, der zu seinem optimalen Gedeihen beiträgt. Häufig wird vergessen, dass ein Strauch auch später noch zugänglich bleiben muss. Wer dann über den Gartenboden „trampelt", verdichtet die oberen Bodenschichten und kann die Wurzeln schädigen. Legen Sie daher bei wichtigen Gehölzen bereits unmittelbar nach dem Einpflanzen unauffällige Trittsteine an. Um die Bodenfeuchte zu erhalten, wird der Bereich unter der Pflanze mit einer ungefähr 5 cm dicken Mulchschicht abgedeckt. Diese unterdrückt die Keimung lichtabhängiger Unkräuter, verwandelt sich im Laufe der Zeit in Humus und fördert die Bodengare. Erneuern Sie die Mulchschicht regelmäßig. Zur Schonung der Wurzeln wird der gemulchte Boden im zeitigen Frühling nur oberflächlich mit gelockert.

! Erneuern Sie die Mulchschicht gegen Ende der Vegetationsperiode im Spätherbst und verwenden Sie keinesfalls den Rindenmulch aus Sonderangeboten (grob zerkleinertes, häufig frisches Material). Stellen Sie Ihren Mulch aus gehäckselten Zweigen, Laub und Rinde selbst her (2–3 Monate kompostieren und danach aufbringen) oder entscheiden Sie sich für ein Qualitätsprodukt.

Gießen und Düngen. Nun aber zur bereits angesprochenen Versorgung des Gehölzes mit Dünger. Gedüngt wird sparsam (Packungshinweise) mit einem Volldünger während der Bodenlockerung im Frühling. Der größte Bedarf an Nährstoffen tritt nämlich zur Zeit des Austriebs auf – dann sollten die Mineralien an den Wurzeln verfügbar sein. Bei sehr blütenreichen Gehölzen wird ein zweites Mal im Mai oder Juni gedüngt, danach nicht mehr. Zu reiche oder zu späte Düngergaben beeinflussen die Frosthärte der Pflanze negativ. Gewässert wird nicht etwa mit einem Regner, der auch das Laub benetzt, sondern die wertvollen Gewächse werden ganz gezielt mit der Gießkanne oder einem Schlauch bewässert. Warten Sie damit bis in die kühleren Abendstunden; legen Sie einen Gartenschlauch neben das Gehölz und drehen Sie den Hahn nur knapp auf. So kann das Wasser gut in den Boden sickern; Wasser aus der Gießkanne lässt sich besser dosieren (ungefähr 40–50 l/m²), wenn es in einen ringförmigen Graben gegossen wird.

! Gehen Sie mit dem Dünger so sparsam wie möglich um; speziell auf einen Gehölztyp abgestimmte Düngerformen können nützlich sein, da sie notwendige Spurenelemente enthalten. Wenden Sie sich bei Farbveränderungen der Blätter, wie Ausbleichen oder Flecken, unbedingt an einen Fachmann, um abklären zu lassen, ob Mineralmangel oder eine Krankheit vorliegt.

Gehölzschnitt. Leider gibt es keine allgemeine Regeln für den Schnitt, die auf alle Gehölze anwendbar wären. Allerdings ist es meist besser, gar nicht statt falsch zu schneiden. Wer ein Solitärgehölz zum Highlight machen möchte, sollte sich daher beim Kauf – dies gilt auch für Rosen, die je nach Typus einen unterschiedlichen Schnitt verlangen – genau an der Pflanze zeigen lassen, wann welche Teile entfernt werden müssen. In der Tat ist der korrekte Schnitt nach Anleitung und mit ein wenig Übung eine äußerst befriedigende Gartenarbeit, die sich spätestens bei der üppigen Blüte des nächsten Jahres auszahlt.

! Wer bereit ist, viel Geld für ein gutes Gehölz auszugeben, sollte nicht bei den Geräten sparen. Kaufen Sie ausschließlich beste Astscheren; sie sollten nach Gebrauch gereinigt und die Gelenke geölt werden. Sobald der Schnitt ausfranst, muss die Schere nachgeschliffen werden. Auch wenn es lästig erscheint – versiegeln Sie jede größere Schnittwunde mit einem Abdichtungsmittel aus der Tube.

Formschnitt. Beginnen Sie mit einer einfachen geometrischen Form; Buchsbaum ist dazu besonders gut geeignet. Benutzen Sie eine Hand-Heckenschere, um ein Gefühl für gerade und gerundete Flächen zu bekommen. Für den nächsten Schritt brauchen Sie einen kleinen Buchsbaumstrauch. Formen Sie aus weichem Maschendraht die Grundform, zum Beispiel einen Vogel, des späteren Formschnittstrauches um den Buchsbaum herum und binden Sie die durchwachsenden Triebe an den Drähten fest. Im Folgejahr werden die Buchsbaumtriebe durch Schnitt der Drahtform angeglichen, bis schließlich der Draht nach zwei bis drei Jahren völlig unter den beblätterten Zweigen verschwunden ist. Formschnitt bei Hecken besteht vor allem im Glätten der Flächen. Spannen Sie für das „Dach" eine straffe, gerade Schnur (Wasserwaage!) zwischen zwei stabilen Pfosten und folgen Sie mit der Heckenschere genau dieser Linie – arbeiten Sie nicht „über Kopf", sondern benutzen sie gegebenenfalls eine Leiter oder Gerüst. Senkrechte oder schräge Flächen werden mit Pfosten rechts und links markiert, die gerade oder schräg eingeschlagen werden, und mit mehreren straff gespannten, waagerechten Schnüren verbunden. Folgen Sie mit der Heckenschere genau der Fläche dieser Lehre. Ob Sie mit einem Motor- oder Hand-Gerät arbeiten, schneiden Sie sich stets vorsichtig an die gespannten Schnüre heran. Treten Sie immer wieder zurück, um den Erfolg zu prüfen. Glätten Sie zum Abschluss mit einer Handschere nach.

Solitärgehölze

Name, Platz, Ansprüche		Pflanzen, Pflege	Bemerkungen, Schmuckwert
Ähren-Scheinhasel *(Corylopsis spicata)* Sommergrüner, locker wachsender Strauch mit glänzend grünen, spitz gezähnten Blättern; 1–2 m hoch; hellgelbe, zart duftende, hängende Blüten (Februar bis März); halbschattig bis schattig		Da der Strauch sich kaum von der Basis her erneuert, muss er nur ausgelichtet werden, um erfrorene oder störende Zweige zu entfernen; empfindlich gegenüber Spätfrost (Blüten können erfrieren); keine besonderen Ansprüche an den Boden	Gehört zu den Hamamelis-Gewächsen und ist nicht mit unserer Haselnuss verwandt; blüht sehr früh, das Gelb der Blüten kontrastiert mit den tiefroten Blattknospen; Highlight für den Frühling im Schutz von größeren Sträuchern oder unter Bäumen
Duftschneeball *(Viburnum farreri)* Sommergrüner, straff aufrecht wachsender Strauch; 2–3 m hoch; blüht bei milder Witterung schon im Dezember, Hauptblütezeit März bis April (duftende, weiße bis hellrosa Blüten); sonnig bis halbschattig, humusreicher Boden		In guten Gartenböden kaum Pflege erforderlich; gelegentlich auslichten, damit die Krone locker bleibt	Sehr hübscher Solitär, der auch in eine lockere Hecke integriert werden kann; ideal ist ein Standort, an dem man den Blütenduft wahrnehmen kann
Flieder *(Syringa meyeri)* Für einen Flieder recht kleine Art (1,–1,50 m hoch) aus Nordchina (abgebildet ist die Sorte 'Josee'); schlanke, dicht stehende, violette Blüten (Mai bis Juni); sonnig bis lichter Schatten, tiefgründiger Boden		Pflanzloch tiefgründig auflockern; verbraucht viele Nährstoffe, daher regelmäßig mit Stallmist oder Volldünger düngen; bei veredelten Sorten Wildtriebe entfernen; kein Schnitt bis auf vorsichtiges Auslichten und Entfernen der Fruchtstände	Kommt nur als Solitär vollständig zur Geltung, wegen der geringen Höhe allerdings guter Vordergrund für höhere, zu anderen Zeiten blühende Sträucher; bildet bereits als junger Strauch Blüten aus und kann sogar im Kübel wachsen
Garten-Hortensie *(Hydrangea macrophylla)* Buschig wachsender, sommergrüner Strauch (1–3 m hoch) mit vielen Sorten (abgebildet ist 'Mariesii'); Blüten in 10–20 cm breiten, flachen Blütenständen mit großen, sterilen Randblüten (Juni bis Juli); sonnig bis halbschattig		Möglichst wenig schneiden, da die Blütenknospen schon an den Trieben des letzten Sommers stehen; erfrorene Zweige müssen allerdings bis fast zum Boden zurückgeschnitten werden; Flachwurzler, daher bei Hitze reichlich gießen und stets eine Mulchschicht ausbreiten; einmal jährlich mit Volldünger versorgen	In kalkhaltigen Böden blüht sie rosa oder rot, in sauren Böden blau; an geschützten Stellen auffällige Solitäre; durch Kombination verschiedener Sorten kann man die Blütezeit stark verlängern

Solitärgehölze

Name, Platz, Ansprüche		Pflanzen, Pflege	Bemerkungen, Schmuckwert
Glanzmispel (*Photinia × fraseri*) Ausladender, immergrüner Strauch (5 m hoch und breit; Sorten auch kleiner); kleine, weiße Blüten in schirmartigen Blütenständen (Juni); kugelige, rote Früchte (ab Herbst) manche Sorten (z. B. 'Red Robin') mit rötlichem Laub; sonnig bis halbschattig, kalkfreier Boden		Kein Schnitt erforderlich, treiben nicht gut aus altem Holz aus; relativ robust, gedeihen am besten ungestört	Guter Solitär, der durch Wuchsform und Blüten, Früchte und Blätter überzeugt; Blätter können sich im Herbst rötlich verfärben; braucht allerdings reichlich Platz, daher nur für größere Gärten
Japanischer Fächerahorn (*Acer palmatum*) Sommergrüner, fast strauchförmig wachsender Baum; wächst sehr langsam, max. 3–4 m hoch; unscheinbare Blüte, geflügelte, rötliche Ahornfrüchte, ab August; farbiges Herbstlaub; zahlreiche Sorten mit unterschiedlichen Blattformen; lichter Schatten bis halbschattig		Vor dem Pflanzen muss der Boden tiefgründig aufgelockert und mit Humus angereichert werden; gründlich mulchen und den Boden mit niedrigen Bodendeckern vor starker Hitze schützen; vor allem bei Trockenheit regelmäßig gießen; nur störende Zweige entfernen	Wunderbarer Solitär, der sowohl durch seine Wuchsform wie durch die Blätter überzeugt; vor allem nach Nachtfrösten im Herbst verfärbt sich das Laub sehr intensiv (sortenabhängig); sollte unbedingt frei stehen
Kamelien (*Camellia japonica*) Art mit vielen Sorten, dazu *Camellia × williamsii* Hybriden; immergrüner Strauch (in der Regel bis 1 m hoch); prachtvolle große Blüten in Weiß- und Rottönen (je nach Art und Sorte Herbst, Winter oder Frühling); leicht schattig, keine direkte Sonneneinstrahlung		Etwas heikel, da frostgefährdet; auch im Kübel, dann aber in kühlem Wintergarten überwintern; im Garten brauchen sie einen kühlen Platz mit hoher Luftfeuchte, daher im Sommer besprühen	Wegen der ungewöhnlich schönen Blüte ein ganz besonderer Solitär; da die Sträucher sind nicht billig sind, sollten Sie sich unbedingt beraten lassen, welche Kamelien in Ihrer Region im Freiland überwintern können; ansonsten gezielt im Kübel zur Schau stellen
Kolkwitzie (*Kolkwitzia amabilis*) Sommergrüner, locker wachsender Strauch mit stark überhängenden Zweigen; mehrere Sorten; 2–3 m hoch; überreich blühend mit hellrosa, innen weißen Blüten (Mai bis Juni); Trockenfrüchte ab Spätsommer; sonnig bis halbschattig		Möglichst nicht schneiden, allenfalls zu dichte oder gekreuzte Zweige vorsichtig auslichten; sehr anspruchslos, selbst in Straßennähe, auf jedem Boden	Als Solitär fallen die älteren Sträucher während der Blütezeit durch die weit überhängenden Zweige auf, die fast in Blüten zu ertrinken scheinen; interessant auch im Winter, da sich die Rinde in Fasern von den Trieben löst; passt auch zu Sträuchern, die später oder früher blühen

Solitärgehölze

Name, Platz, Ansprüche		Pflanzen, Pflege	Bemerkungen, Schmuckwert
Lavendelheide (*Pieris japonica*) Immergrüner, kompakter Strauch mit mehreren Sorten; Art 2–3 m hoch, Sorten kleiner; cremeweiße bis rosa (Sorten) Blüten in dichten Blütenständen (März bis Mai); junge Blätter beim Austrieb rot bis bronze (blütenartig); halbschattig, saurer Boden		Vor der Pflanzung Boden lockern und durch Torfhumus ansäuern; kein Schnitt erforderlich; als Flachwurzler vertragen sie keine Hacke; regelmäßig mulchen und Boden mit saurem Kompost aufbessern	Wichtiges Highlight für schattigere Bereiche des Gartens; entweder als Solitär zwischen niedrigen Pflanzen oder innerhalb einer Gruppe; wirken sowohl zur Blütezeit als auch beim Austreiben des jungen Laubes sehr attraktiv; Begleiter von Rhododendren, Heiden oder Azaleen; abwechslungsreicher Immergrüner auch für den Topf
Lorbeerrose, Kalmie (*Kalmia angustifolia*) Immergrüner, aufrecht wachsender und kaum verzweigter Strauch; bis 1 m hoch, oft kleiner; in Büscheln stehende, purpurrote Blüten (Juni bis Juli); halbschattig und etwas feuchte, saure Böden		Vor der Pflanzung Boden mit saurem Torfhumus anreichern; kein Schnitt erforderlich (nur erfrorene Triebe zurück schneiden); Boden gelegentlich mit saurem Humus (Torfhumus) auffrischen; gießen bei Trockenheit	Dank der ungewöhnlichen Bodenansprüche sind Lorbeerrosen gute Partner für Rhododendren, Heiden und Azaleen; sie können auch als immergrüne Blütensträucher den Randbereich von Teichen oder Moorbeeten aufwerten
Magnolien (*Magnolia*) Ausladend wachsende Sträucher mit zahlreichen Arten, Sorten und Hybriden (abgebildet ist *M. liliiflora*); sehr große, auffallende Blüten in allen Tönen zwischen Weiß und Rot (je nach Form ab April bis Juli); sonnig bis halbschattig, lockerer, leicht saurer Boden		Vor dem Pflanzen den Boden tiefgründig lockern; als Flachwurzler vertragen sie keine Hacke; im Herbst Boden im Kronenbereich mit Mist und Mulch (Laub) abdecken, kein Schnitt erforderlich; Blüten durch Spätfröste gefährdet	Magnolien entwickeln nur als Solitäre ihre volle Pracht; sie sind die vermutlich besten Highlights für den Spätfrühling und Frühsommer; da sie nach der Blüte recht „normal" aussehen, sollte das suchende Auge ab dem Sommer durch einen anderen Blickpunkt gefesselt werden
Schmetterlingsstrauch (*Buddleja alternifolia*) Sommergrüner Strauch (auch *Buddleja davidii* Hybriden) mit langen, teilweise überhängenden Zweigen, 2–4 m hoch; überreiche, hellviolette Blüten (Juni; Sorten weiß, purpurn, rot, dunkelviolett); sonnig		Wenig schneiden, nur die jeweils ältesten Triebe bis zur Basis entfernen (bei den *Buddleja davidii* Hybriden werden die Blüten an den diesjährigen Trieben gebildet, sie werden im Vorfrühling kräftig zurückgeschnitten); gut mulchen, Boden nur vorsichtig lockern (Flachwurzler)	Zur Blütezeit wunderschöner Solitär, der zahlreiche Schmetterlinge anlockt, passt aber auch in eine lockere Hecke oder an einen Hang; einige der kleineren Sorten (Nachfrage beim Händler) kommen auch im Kübel zurecht

Solitärgehölze

Name, Platz, Ansprüche		Pflanzen, Pflege	Bemerkungen, Schmuckwert
Schönfrucht *(Callicarpa bodinieri)* Im Garten meist in der Form *C. b. var. giraldii* und einiger Sorten; sommergrüner Strauch, der sich von der Basis her verzweigt; blasslila Blüten (Juni–Juli), zahlreiche, kugelige, violette Früchte (ab September; 3–4 mm Durchmesser); sonnig		Bei gut wachsenden Pflanzen kaum Schnitt erforderlich, erfrorene und zu dicht wachsende Zweige werden ausgelichtet (nicht ins alte Holz schneiden); möglichst mehrere Sträucher pflanzen, damit ein guter Fruchtansatz erfolgt; reichlich mulchen	Da Blüte und Wuchsform wenig spektakulär sind, benutzt man die Schönfrucht als Blickpunkt für den Herbst, wenn die ungewöhnlich gefärbten und zu dichten Fruchtständen vereinigten Beeren gut sichtbar sind – als Solitär oder in einer locker aufgebauten Hecke
Straucheibisch, Hibiskus *(Hibiscus syriacus)* Sommergrüner, dichter Strauch mit schmaler Wuchsform, wächst langsam; mehrere Sorten; 1,50–2 m hoch; große, trichterförmige Blüten je nach Sorte weiß, rosa oder dunkelrot (Juli bis September); sonniger, geschützter Platz, verträgt keine Staunässe		Sorten mit gefüllten Blüten sind besonders empfindlich; im Herbst den Boden mit Mulch und Laub abdecken (junge Sträucher unten mit Fichtenreisig und Stroh einpacken); im Vorfrühling erfrorene Triebe zurückschneiden, Triebe ggf. einkürzen und auslichten, verträgt aber auch stärkeren Rückschnitt	Dank der späten und sehr auffälligen Blüte ein schöner und wichtiger Solitär (auf guten Aufbau der Zweige achten); passt aber auch zwischen andere Sträucher und übernimmt dann zur Blütezeit die Schaufunktion
Strauchrose *(Rosa)* Im gärtnerischen Sprachgebrauch gehören hierzu die öfter blühenden Polyantha-Sorten, von denen zahlreiche Sorten in allen Rosenfarben (alle Farben außer Blau) erhältlich sind; Höhen sortenabhängig; sonnig, tiefgründige, gute Gartenböden		Boden im Pflanzloch tiefgründig lockern, Aushub mit Kompost oder verrottetem Stallmist vermischen; regelmäßig mit Rosendünger düngen und Schädlinge kontrollieren; im Herbst Boden um die Stammbasis aufhäufeln; Verblühtes abschneiden, erfrorene Triebe entfernen, alte Triebe bis zu einem kräftigen Seitentrieb zurückschneiden	Sorten mit der Bezeichnung „ADR-Rosen" gelten als besonders robust und weniger schädlingsanfällig; Strauchrosen sind sowohl gute Solitäre als auch Bestandteile von Strauchgruppen/Hecken; Kombination mehrerer Sorten mit unterschiedlichen Blütezeiten empfehlenswert
Weigelie *(Weigela)* Locker wachsender, sommergrüner Strauch mit mehreren Arten und Hybriden (abgebildet ist die Sorte 'Bristol Ruby'); Arten 2–3 m hoch, Sorten auch kleiner; sehr dicht stehende weiße bis rosa Blüten (Mai bis Juni); sonnig bis halbschattig		Genügsame und pflegeleichte Sträucher, auch für Stadtgärten; vorsichtiges Auslichten der jeweils ältesten Triebe bis zum Boden	Vielfältig zu verwenden: als Solitär, Hintergrund eines Beetes oder innerhalb einer lockeren Hecke; sehr hübsch in Kombination mit gleichzeitig blühenden Sträuchern für ein szenisches Highlight (Kolkwitzie, hoher Flieder, Pfeifenstrauch)

Highlights für den Winter – dekorative Rinden und Wuchsformen

Die Auswahl an wirkungsvollen Blickpunkten für den Winter ist sehr viel geringer als für die Vegetationszeit. Immergrüne Gehölze, auf die gerne zurückgegriffen wird, erweisen sich auf Dauer häufig als langweilig. Eine interessante Möglichkeit zeigen die vier Gehölze dieser Doppelseite auf. Die in breiten Bahnen abrollende, mahagonirote Rinde von Japanischer Zierkirsche (Prunus serrula) ist auch aus größerer Entfernung noch gut sichtbar.

Das farbige, filigrane Netz aus Jungtrieben ist bei einigen Arten und Sorten des Hartriegels (Cornus alba 'Sibirica') ein echtes Highlight. Diese Gehölze sind im Winter in der Tat sogar attraktiver als während der Vegetationsperiode, wo ihre Zweige hinter den Blättern verschwinden. Ordnen Sie den Strauch so an, dass er im Sommer als Hintergrund für Stauden dienen kann.

Alle Hartriegel (hier Cornus sericea stolonifera 'Flaviramea') bilden jedes Jahr eine beträchtliche Menge an Jungtrieben, die von der Basis her ausschlagen. Die intensive Farbigkeit wird nur an den jeweils jüngsten Trieben ausgebildet. Um den Effekt dauerhaft zu bewahren, sollten Sie jedes Frühjahr einen Großteil der alten Zweige bis zum Boden zurückschneiden und den Strauch auf diese Weise verjüngen.

Interessante Rinde findet man nicht nur bei den Ahornarten – das Bild zeigt die abblätternde Rinde des Zimtahorn (Acer griseum) – sondern auch bei Birken (Betula costata, B. ermanii u. a.), dem Schuppenrinden-Hickory (Carya ovata), der Zimterle (Clethra barbinervis) oder der Scheinkamelie (Stewartia pseudocamellia), deren abblätternde Rinde einen glatten, bunten Stamm hinterlässt.

Kletterpflanzen als Highlights

Kletterrosen neben den Hybriden der Waldreben (Rosa 'Compassion' und Clematis 'Andromeda') bilden gute Kombinationen auf Spalieren, Gerüsten und Bögen, da beide Formen nicht zum Überwuchern des Partners neigen.

Die Auswahl an Hybriden ist bei den Waldreben so groß, dass zu beinahe jedem Zweck die geeignete Form erhältlich ist. Die Waldreben-Hybride (Clematis 'Mme. Le Coultre') blüht mit sehr großen Blüten von Juni bis August.

Der alte Gärtnerspruch, dass der beste Rosenpartner eine Rose (Rosa 'Graham Thomas' und Thunbergia alata) ist, muss nicht immer stimmen. Wenn die Farben so prachtvoll harmonieren wie hier, kann selbst eine „simple" Einjährige als Partner dienen.

Dieser kletternde Nachtschatten (Solanum crispum 'Glasnevin') ist zwar ein Strauch, kann aber nur in Regionen mit milden Wintern im Freien bleiben. Am besten kultiviert man ihn in einem Kübel und überwintert ihn an einem kühlen, hellen Platz im Haus.

Kletterpflanzen-Highlights – Pflege und Tipps

Bis auf Rosen und Waldreben geht man beim Einpflanzen von Kletterpflanzen wie bereits oben erwähnt vor. Um ihre charakteristische Wuchsform ausbilden zu können, brauchen alle Kletterpflanzen eine stabile und geeignete Kletterunterlage.

Kletterrosen einpflanzen. Obwohl Kletterrosen sonnige Standorte brauchen, ist eine direkt nach Süden gerichtete Mauer ungünstig: Im Sommer heizt sich die Fläche enorm auf und selbst im Winter kann die Temperatur so stark ansteigen, dass die Triebe Wasser abgeben, vertrocknen oder erfrieren. Das Klettergerüst mit waagerechten und senkrechten Stäben sollte stabil, aber nicht zu dick sein, zum Beispiel mit dunkelgrünem Kunststoff ummanteltes Metall, und mindestens 15 cm Wandabstand einhalten. Damit die Wurzeln später nahrhaften, humusreichen Boden vorfinden, wird die Pflanzstelle im Frühling zwei bis drei Spaten tief aufgegraben und der Aushub mit verrottetem Pferdemist (zusammen mit dem Stroh) oder Kompost vermischt; Loch damit wieder zuschütten. Im Herbst gräbt man das Pflanzloch erneut auf und versenkt die Rose so tief, dass die Veredelungsstelle etwa 5 cm unter der Erdoberfläche liegt.

! Viele hochwertige Rosen werden nicht ganzjährig im Container, sondern nur im Herbst oder Vorfrühling mit nacktem Wurzelstock geliefert.

Kletterrosen befestigen und schneiden. Da Kletterrosen nur an Seitentrieben 1. und höherer Ordnung blühen, dienen die folgenden Maßnahmen dazu, die Zahl der Seitentriebe zu maximieren. Binden Sie die Haupttriebe fächerförmig an das Gerüst an. Die Seitentriebe 1. Ordnung – sie stehen an den Haupttrieben – blühen noch nicht; sie werden bogenförmig nach rechts und links festgebunden. Im Folgejahr bilden sich an den daraus austreibenden neuen Seitentrieben die ersten Blüten. Sie werden nach der Blüte bis auf 3–4 Augen – Ansatzstellen für neue Seitentriebe – zurückgeschnitten. In allen folgenden Jahren kommt es darauf an, stets eine „gesunde" Mischung aus längeren Neutrieben 1. Ordnung zur Verjüngung des Strauches (im Bogen festbinden) und kürzeren Seitentrieben zu erhalten. Erfrorene Triebe werden stets vollständig entfernt.

! Rosenschnitt ist in der Tat eine Sache des Gespürs. Da man jedoch sehr schnell merkt, wie der Strauch auf den Schnitt reagiert, lernt man rasch, welche Triebe bleiben dürfen und welche man besser abschneidet.

Waldreben einpflanzen und befestigen. Wegen ihrer enormen Vielseitigkeit gehören die Waldreben (Clematis) zu den wichtigsten Hilfsmitteln bei der Gestaltung von Lauben, Bögen und Pergolen. Sowohl die Wildarten als auch die großblütigen Hybriden brauchen tiefgründigen, humusreichen und etwas kalkhaltigen Boden, der vor dem Pflanzen entsprechend aufbereitet wird – Humus und Kalkdünger in den Aushub einarbeiten; unterhalb des Wurzelballens Sand und etwas Kies als Schutz vor Staunässe verteilen. Da sie außerdem nur in der Sonne und im leichten Halbschatten optimal gedeihen, ergibt sich bei allen Waldreben das Problem des austrocknenden Bodens: Decken Sie den Erdboden im Bereich einer Waldrebe immer mit niedrigen Bodendeckern oder hellen, reflektierenden Steinen ab, um den Boden kühl zu halten. Zum Schutz gegen Trockenheit werden Waldreben in deutlichem Abstand zu Mauern gepflanzt und die ersten Jungtriebe dann über einen schräg gestellten Bambusstab bis zum Rankgitter geführt. Ähnlich wie Rosen werden auch Waldreben (Clematis) etwa eine Handbreit tiefer als in der Baumschule eingepflanzt. Zum Klettern – sie halten sich mit rankenden Blattstielen fest – brauchen sie ein Gerüst mit vorwiegend senkrechten Stäben. Leiten Sie die wachsenden Triebe der Jungpflanzen gezielt so, dass das gesamte Rankgitter in Höhe und Breite bedeckt bleibt.

! Solange die Wurzeln der Waldreben kühl und leicht feucht – aber nicht staunass – stehen, werden die Pflanzen gewöhnlich gedeihen. Schnitt ist vor allem bei den stark wuchernden Wildarten erforderlich; die Hybriden lichtet man nur vorsichtig aus.

Clematiswelke. Leider fallen immer noch viele Waldreben einer merkwürdigen und wie aus heiterem Himmel kommenden Krankheit zum Opfer – der Clematiswelke. Plötzlich verdorren alle Blätter und die Pflanze stirbt ab. Obwohl manchmal Pilze den Verlauf der Krankheit beschleunigen, scheint es eher ein Problem der Wasserversorgung zu sein. Waldreben haben im Verhältnis zur Blattfläche extrem dünne, Wasser leitende Stängel. Wahrscheinlich kommt es dann in heißen Sommern zu Wasserknappheit und dem gefürchteten Absterben. Vermeiden kann man die Krankheit kaum, sollte aber im Sommer dreimal pro Woche gießen und dem Gießwasser alle zwei Wochen etwas Flüssigdünger beimischen.

! Da die Clematiswelke offenbar ein physiologisches und kein Krankheitsphänomen ist, kann man nur durch gute Vorbereitung der Pflanzerde und gezieltes Gießen das Risiko minimieren.

Arten	Sorten	optimaler Halt
Spreizklimmer	Kletterrosen (Rosa), Winterjasmin (Jasminum nudiflorum), Brombeere und andere Rubus-Arten	Rankgitter mit waagerechten Stäben oder Drähten, senkrechte Stützen
Schlingpflanzen, schwachwüchsig	Prunkwinde (Ipomoea), Geißblatt (Lonicera)	stabiles Rankgitter mit vorwiegend senkrechten Stäben (ca. 2–3 cm ø)
Schlingpflanzen, starkwüchsig	Baumwürger (Celastrus), Knöterich (Polygonum aubertii), Pfeifenwinde (Aristolochia macrophylla), Glyzine (Wisteria)	kräftiges Rankgitter mit vorwiegend senkrechten Stützen oder Balken (mindestens 8 cm ø)
Rankenpflanzen	Waldrebe (Clematis), Zierkürbis (Cucurbita pepo), Duftwicke (Lathyrus odoratus), Stangenbohne (Phaseolus), Kapuzinerkresse (Tropaeolum), Wein (Vitis vinifera)	Rankgitter aus waagerechten und senkrechten Stäben (max. 2,5 cm ø)

Wurzelkletterer wie Efeu (Hedera helix), Kletterhortensie (Hydrangea petiolaris) und Wilder Wein (Parthenocissus) klettern auch ohne Hilfe, können aber über Stützen geleitet werden.

Kletterpflanzen als Highlights

Die kletternde Form der Hortensie (Hydrangea petiolaris) schafft an Mauern eine Höhe von bis zu 7 m. Dabei ist sie in Bezug auf Boden und Belichtung recht anspruchslos – sie ist an Schattenstandorten die bestmögliche Wahl für Blüten in der Höhe.

Die schlingenden Glyzinen oder Wisterien (Wisteria) zeichnen sich durch wundervoll große, üppige Blütenstände aus. Allerdings neigen sie dazu, stark zu wuchern und können senkrechte Regenrohre zerquetschen.

Duftwicken (Lathyrus odoratus) werden ausgesät, um Maschendrahtzäune, kleine Spaliere oder Pyramiden aus Bambusstäben zu begrünen. Sie werden in genügender Menge in Töpfen vorgezogen und nach Bedarf am Standort ausgepflanzt.

Die Kapuzinerkresse (mehrere Arten und Hybriden; hier Tropaeolum speciosum) zeichnet sich durch besonders dichtes Laub und intensiv gefärbte Blüten aus. Sie sind gut geeignet, um die kahle Basis von Sträuchern zu kaschieren.

Gräser als Blickfang – Pflege, Schnitt und Tipps

Botanisch betrachtet sind die Ziergräser Stauden, also mehrjährige, krautige Pflanzen. Anders als etwa die Gräser für den Rasen werden sie jedoch einzeln gepflanzt und auch einzeln gepflegt.

Steppe oder Wald – Gräser für jeden Standort. Gräser verwandeln sich nur dann in ein Garten-Highlight, wenn sie standortgerecht gepflanzt werden. Die so genannten Steppengräser brauchen durchlässigen Boden mit relativ hohem Sandanteil; sie kümmern oder gehen sogar ein, wenn sie in fetten, frischen Gartenboden gepflanzt werden. Wiesengräser vertragen ein relativ breites Spektrum an Bodenarten, lieben es aber eher etwas frisch, während die Gräser der Feuchtgebiete unbedingt in feuchtem, humusreichem Boden, zum Beispiel im Randbereich von Teichen oder Sumpfbeeten, stehen müssen. Die Waldgräser schließlich fühlen sich nur wohl, wenn sie nicht direkt der Sonne ausgesetzt sind und in frischem bis feuchtem Gartenboden wurzeln; im Garten gehören sie unter Sträucher oder an schattige Plätze. In der Tabelle sind einige besonders attraktive Arten für jeden Standort aufgelistet.

Winterschutz und Schnitt. In Bezug auf die Pflege sind selbst Highlight-Gräser nicht besonders anspruchsvoll. In der Tat gedeihen sie sogar am besten, wenn man sie während der meisten Zeit des Jahres vollständig in Ruhe lässt. Nur dann werden sich Blätter und Blüten- beziehungsweise Fruchtstände optimal entwickeln. Unbedingt unterlassen sollte man den Rückschnitt im Herbst, was häufig für Stauden empfohlen wird. Lassen Sie das Gras stehen – nur so können Sie die faszinierenden Herbstfarben und Raureifskulpturen des Winters genießen – und warten Sie den Frühling ab. Nur bei empfindlichen subtropischen Gräsern werden die Blätter zu einer schützenden „Wurst" zusammengedreht. Bevor die neuen Blätter austreiben, schneidet man die dürren Blätter des Vorjahres bis direkt über dem Boden ab.

Das Pfeifengras (Molinia caerulea) ist eine heimische Grasart, die natürlicherweise im Randbereich feuchter Heiden und Moore, aber auch im Wald wächst. Im Garten kommt es am besten in halbschattigen, feuchten Rabatten zur Geltung. Die größte Wirkung entfaltet das Pfeifengras von Spätsommer bis Herbst, wenn sich seine Blätter verfärben. Pflanzen Sie es hinter niedrige, im Hochsommer blühende Stauden.

Arten	Sorten
Steppengräser	Moskitogras (*Bouteloua oligostachya*), Pampasgras (*Cortaderia selloana*), Reiher-Federgras (*Stipa barbata*)
Wiesengräser	Reitgras (*Calamagrostis* × *acutiflora*), Blauschwingel (*Festuca cinerea*), Chinaschilf (*Miscanthus sinensis*), Riesen-Pfeifengras (*Molinia arundinacea*), Lampenputzergras (*Pennisetum alopecuroides*)
Gräser der Feuchtgebiete	Riesensegge (*Carex pendula*)
Waldgräser	Japansegge (*Carex morrowii*), Hainsimse (*Luzula sylvatica*)

Bambus – das etwas andere Gras. Bambus ist immer noch ein viel zu seltener Gast in unseren Gärten. Dabei wird er zum Beispiel in den ostasiatischen Gärten seit alters als dekoratives Element eingeplant. Die winterharten Formen werden wie Stauden eingepflanzt. Sie können sowohl als Hintergrund wie als prägende Blickpunkte dienen – vor allem Formen mit gefärbten Stängeln. Um die Freude am Bambus nicht zu verlieren, sollte man allerdings verhindern, dass sich seine Wurzeln hemmungslos ausbreiten und die Nachbarpflanzen verdrängen: Pflanzen Sie Bambus in einen großen Kunststoffkübel, der in die Erde versenkt wird, oder graben Sie einen 20–30 cm tief reichenden Kunststoffkragen rund um den Bambusstandort in die Erde.

Gräser als Highlights

Das Reitgras (Calamagrostis) wird nur in Zuchtformen angeboten. Die Blüte beginnt gewöhnlich im Juni, doch sind auch die trockenen Fruchtstände noch von großem Reiz. Mit einer Höhe von deutlich über 150 cm eignet es sich nur als Solitär.

Schmielen (Deschampsia) sind robuste, heimische Gräser, die sich je nach Art sowohl für trockene als auch für feuchtere Gärten eignen. Im Einzelstand sind sie wenig überzeugend, daher pflanzt man stets mehrere Horste nebeneinander.

Das Chinaschilf (Miscanthus sinensis) wird in zahlreichen Sorten angeboten. Die hier gezeigte Sorte 'Kleine Fontäne' erreicht etwa 120 cm Höhe, färbt sich rotbraun und bildet besonders viele Blütenstände aus – gut als Solitär.

Neben den auch aus größerer Entfernung noch gut sichtbaren Blütenständen (hier Miscanthus sinensis 'Sioux') zeichnen sich einige Sorten des Chinaschilfs auch durch gestreifte oder gefleckte Blätter aus.

Um ein derart prachtvolles Bild zu inszenieren, braucht man sehr viel Platz. Immerhin erreichen die mächtigen Blüten- und Fruchtstände des Pampasgrases (Cortaderia selloana) eine Endhöhe von mehr als 250 cm. In kleineren Gärten wird das Pampasgras daher besser in der Art eines Solitärstrauches eingesetzt. Vor Laub abwerfenden Sträuchern kommt es besonders gut zur Geltung, da es bis in den Oktober hinein blüht. Es braucht durchlässige Böden, die auch kurzzeitig trocken fallen dürfen, und muss im Winter vor Frost geschützt werden.

Blattstrukturen als Highlights

Auch wenn rund um diesen Teich keine einzige Blüte zu sehen ist, erscheint das Arrangement keinesfalls langweilig oder eintönig. Dank der vielfältigen Blattgestalten, der Texturen und Farben der Blätter sowie der unterschiedlichen Höhe der Pflanzen entsteht ein Gewebe aus grünen Teilen, das sich zu einer lebendigen Teichlandschaft verbindet. Besonders gut gelungen ist der Übergang zwischen Land und Wasser – die Schwimmblätter der Seerose erscheinen wie eine schwankende, unsichere Landfläche.

Blattschmuck-Highlights – Gestaltungstipps

Fragt man in einer üblichen Gärtnerei oder einem Gartencenter nach einer „Blattschmuckstaude" wird man gewöhnlich auf Farne und Funkien hingewiesen. Aus diesen Pflanzengruppen stammen in der Tat wichtige Beispiele für attraktiven Blattschmuck, aber bei der Planung von Garten-Highlights sollte man den Begriff des Blattschmucks deutlich weiter fassen.

Was ist „Blattschmuck" und wie setzt man ihn ein? Obwohl sich natürlich alle Pflanzen auch mit Blättern „schmücken", denkt der Gärtner vor allem an die ästhetische Qualität des Blattwerks. Gemeint ist selbstverständlich auch nicht das Einzelblatt, sondern die Wirkung einer Pflanze als Ganzes – und hier schließt sich der Kreis für die Gestaltung von Highlights. Solitäre, die allein aufgrund ihres Blattschmucks zum Highlight werden, sind außerordentlich selten. Das könnte beispielsweise ein Bambus sein, die mächtigen Blätter des Mammutblattes (*Gunnera manicata*) oder Zierrhabarbers (*Rheum*), vielleicht auch ein besonders gut präsentiertes Gras. Die weitaus meisten Blattschmuckpflanzen kommen jedoch als Bestandteil eines szenischen Highlights weitaus besser zur Geltung – als Gleiche unter Gleichen. Es wird also darauf ankommen, für jede Situation eine optimale Kombination zu finden. Dabei spielt es überhaupt keine Rolle, ob die betreffende Pflanze als „Blattschmuck" angeboten wird – so ist beispielsweise selbst die prächtigste Taglilie außerhalb der Blütezeit eine Blattschmuckstaude!

! Lösen Sie sich von dem Gedanken, dass man Blattschmuckpflanzen „fertig" kauft. Betrachten Sie Ihren Pflanzenbestand und überlegen Sie, welche Staude auch außerhalb der Blütezeit Bestandteil eines szenischen Highlights sein könnte.

Pflege von Blattschmuckstauden. Zum Glück für den geplagten Gärtner sind diese Pflanzen völlig normale Einjährige, Stauden oder Sträucher, sofern man also auf die erforderlichen Standortansprüche achtet, fallen außer der üblichen Bodenpflege und gelegentlichen Düngung keine besonderen Arbeiten an.

Auswahl von Blattschmuckpflanzen nach der Farbe. Da eine Gartenpflanze sich nur während relativ kurzer Zeit mit Blütenfarben schmückt, lohnt es sich stets, über zusätzliche Farbe im Beetarrangement nachzudenken. Bei einem roten Farbthema liefert das Blattgrün einen weichen Kontrast. Setzt man jedoch zusätzlich Blattschmuckpflanzen mit roten Blättern ins Beet, zum Beispiel eine der modernen Mangoldzüchtungen, bleibt das Rot des Blütenthemas über einen längeren Zeitraum erhalten – von roten Frühsommerblühern bis zu den roten Blüten des Spätsommers. In diesem Fall wäre der Mangold so etwas wie der „rote Faden" des Beetes. Natürlich funktioniert das auch bei einem rot-blauen Blütenthema. Eine vergleichbare Funktion übernehmen Sorten von Blattschmuckpflanzen mit gelb panaschierten Blättern – nur eben in Beeten, die nach einem gelben Farbthema gestaltet werden.

! Gestalten Sie ihre szenischen Highlights im Beet ganz bewusst unter Beteiligung von Pflanzen mit farbigem Laub – das Ergebnis ist stets neu und immer wieder überraschend.

Auswahl von Blattschmuckpflanzen nach der Form. Der Formkontrast innerhalb eines Beetes oder im Unterwuchs von Sträuchern kann ebenfalls ganz entscheidend zu Gesamteindruck und damit zu einem Highlight beitragen. Setzt man Blattschmuckpflanzen zu diesem Zweck ein, wählt man nicht gezielt nach Farbe, sondern nach der Umrissform aus. Viele der klassischen Beetstauden für eine Rabatte zeichnen sich durch kuppelartige Umrissformen aus. Zur Belebung werden gewöhnlich schmale, hohe Horst-Stauden wie der Rittersporn (*Delphinium*) oder zierlich neigende Stauden wie das Tränende Herz (*Dicentra*) empfohlen. Einen ähnlich kraftvollen und zudem dauerhaften Kontrast erzielt man jedoch durch Blattschmuckpflanzen: Alle schmal und aufrecht nach oben strebenden Formen wie Gräser, Schwertlilien und Taglilien ziehen den Blick auf sich, ohne jedoch zur Konkurrenz der blühenden Pflanzen zu werden. Liegt das Beet nicht gerade in der prallen Sonne, korrespondieren Farne mit kräftigen wie bei Hirschzungenfarn (*Phyllitis scolopendrium*) oder filigranen Wedeln wie zum Beispiel beim Wurmfarn (*Dryopteris filix-mas*) wunderschön mit einfach blühenden Stauden.

! Recht ungewöhnlich und gerade deswegen besonders spannend sind vollkommen grüne Beete, die ihre Spannung allein aus der Form der Blattschmuckpflanzen ableiten. Suchen Sie nach einem halbschattigen Platz im Vordergrund von Sträuchern und kombinieren Sie folgende Arten: Frauenmantel (*Alchemilla mollis*), Bergenien (*Bergenia*-Hybriden), Blaublatt-, Grünblatt- und Weißblattfunkien (alles *Hosta*-Hybriden), Trichterfarn (*Matteuccia struthiopteris*), Hirschzungenfarn (*Phyllitis scolopendrium*) und im Hintergrund Wurmfarn (*Dryopteris filix-mas*) und Königsfarn (*Osmunda regalis*).

Auswahl von Blattschmuckpflanzen nach der Blattform. Statt die Pflanze als Einheit zu sehen (Formkontrast), lassen sich auch die Einzelblätter als dekorative Elemente einsetzen. Dies ist allerdings nur dort möglich, wo man die Pflanzen aus direkter Nähe sehen kann. Das oben beschriebene Arrangement zeichnet sich dadurch aus, dass man es selbst aus einer Entfernung von mehreren Metern noch vollendet genießen kann. Je näher man jedoch kommt, desto mehr verliert sich der Blick in einer verwirrenden Vielfalt von Einzelformen. Die Kombination eines einzigen Trichter-farns mit den ausgebreiteten Blättern einer Weißblattfunkie – beziehungsweise Hirschzungenfarn und Blaublattfunkie – gewinnt demgegenüber immer mehr an Spannung, je näher man kommt.

! Um ein Gefühl für die subtilen Formkontraste zu entwickeln, experimentiert man mit Topfpflanzen. Der problemlose Frauenmantel bildet das Zentrum der Komposition. Kombinieren Sie ihn mit Weißblatt- oder Grünblattfunkien. Tauschen Sie die Funkien gegen rotblättrige Purpurglöckchen (*Heuchera*-Hybriden) und dann gegen einen Wurmfarn oder eine Taglilie aus. Stellen Sie eine behäbig breite Bergenie neben die starren, spitzen Blätter der Schwertlilie und so weiter. Die besten und gelungensten Kombinationen bekommen dann einen festen Platz im Beet.

Blattschmuck als Highlight

Das Arrangement dieser Wurmfarnwedel (Dryopteris filix-mas) belegt auf das Beste, welches Potential im Blattdetail steckt. Versuchen Sie durch die Kombination weniger Pflanzen eine optimale Wirkung zu erzielen.

Damit die prachtvollen, großen Blätter des Mammutblattes (Gunnera manicata) wirklich zur Geltung kommen, braucht man mehrere Quadratmeter Platz. Zur Sicherheit sollte die Pflanze im Spätherbst mit Stroh und Laub abgedeckt und winterfest gemacht werden.

Auch dieses Detail lebt aus dem reizvollen Formkontrast zwischen den glatten, aber gerillten Blättern der Funkie (Hosta) und den fein gefiederten Blättern des Tränenden Herzens (Dicentra).

Was diese Blätter so ungewöhnlich macht, erkennt man erst beim genaueren Hinsehen. Der Blattstiel des Schildblattes (Darmera peltata) setzt nicht am Ende, sondern in der Mitte des Blattes an.

Highlights am Teich

Die Literatur zur Teichplanung füllt viele Regalmeter, daher kann und soll es auf dieser Seite nicht um grundsätzliche Fragen zu Gartenteichen gehen. Es gilt jedoch einige spezielle Regeln zu beachten, wenn sich der Teich oder seine Bepflanzung in ein Highlight verwandeln soll.

Groß kontra klein. Auch wenn es nur die wenigsten Teichbesitzer gerne hören: Naturteiche sind im Garten nicht zu realisieren! Um die wilde, üppige Lebenskraft einer natürlichen Teichlandschaft in seinen Garten zu holen, muss man bereit sein, mindestens 40–50 m² seiner Gartenfläche zu „opfern". Derart große Teiche mit Sumpfzone sind dann auch keine Highlights *per se*, sondern werden dies erst durch Accessoires wie überhängende Bäume, Schilflandschaften oder Pavillons.

! Ausnahmsweise darf es bei einem Gartenteich nicht lauten: „Think big", sondern „Small is beautiful". Planen Sie lieber klein und legen Sie dafür um so mehr Wert auf eine exzellent gestaltete Randzone: Entscheiden Sie sich zum Beispiel für ein leicht erhöhtes Teichbecken oder einen Uferbelag aus Natursteinen und kombinieren Sie dies mit einer sparsamen, aber edlen Bepflanzung. Setzen Sie alle Teichpflanzen grundsätzlich in feste Töpfe, die leicht herauszunehmen und/oder auszutauschen sind.

Schutz vor Wucherern. Gerade einige der beliebtesten und attraktivsten Teichrandpflanzen müssen sich in der Natur gegen zahllose Konkurrenten behaupten. Sie verankern sich im Schlamm und treiben Ausläufer in alle Richtungen. In einem kleinen Gartenteich führt dies dazu, dass sie nach und nach die kleineren und schwächer wachsenden Pflanzen verdrängen. Um dies von Beginn an zu vermeiden, werden diese Stauden in stabile Töpfe gepflanzt und die Ausläufer regelmäßig gekappt. Die Liste führt nur einige wichtige Arten auf, daher sollten Sie beim Kauf neuer Wasserpflanzen unbedingt nach der Wüchsigkeit fragen.

! Besonders kräftig wuchern: Sumpfsegge *(Carex acutiformis)*, Bunter Schachtelhalm *(Equisetum variegatum)*, Wasserminze *(Mentha aquatica)*, Brunnenkresse *(Nasturtium officinale)*, Rohrglanzgras *(Phalaris)*, Schilf *(Phragmites australis)*, Igelkolben *(Sparganium erectum)*, Rohrkolben *(Typha-*Arten), Bachbunge *(Veronica beccabunga)*.

Die Lust mit den Seerosen. Ohne Zweifel gehören die verhältnismäßig riesigen Blüten einer Seerose zu den schönsten Anblicken, die ein Gartenteich zu bieten hat. Aber auch hier klafft die Schere zwischen dem halb-natürlichen Wildteich und einem gut gestalteten Zierteich. Verzichten Sie lieber auf eine winterharte Seerose in einem 100 cm tiefen Teich und erkundigen Sie sich im Fachhandel nach Seerosen, die mit einer Wassertiefe von 30–40 cm auskommen. Selbst wenn Sie gezwungen sein sollten, eine subtropische oder gar tropische Hybride jeden Herbst aus dem Wasser zu nehmen und im Keller zu überwintern, so haben Sie doch nicht nur eine prächtige Seerose, sondern auch einen Teich, den Sie jederzeit ohne größere Probleme säubern und entschlammen können.

! Es ist schwierig, Empfehlungen für Seerosen zu geben, weil das Angebot neuer Züchtungen aus Großbritannien und den USA ständig wechselt. In den meisten größeren Städten gibt es jedoch Fachgeschäfte, die das neueste Sortiment führen. Dort kann man Sie auch kompetent beraten.

Schwimmblatt- und Unterwasserpflanzen. In einem kleinen Zierteich reicht eine einzige Seerose bereits aus, um die Wasseroberfläche abwechslungsreich zu gestalten. Zusätzliche Schwimmblattpflanzen wären dort völlig fehl am Platz. Eine attraktive Alternative ist das amerikanische Feenmoos *(Azolla caroliniana)*. Es schwimmt mit zierlichen Blättchen auf der Wasseroberfläche und verfärbt sich im Herbst dunkelrot. Feenmoos hat allerdings zwei Nachteile: Es wuchert sehr stark und muss daher gelegentlich abgeschöpft werden; es ist frostgefährdet und muss an geschützter Stelle überwintern. Die Blätter der Wassernuss *(Trapa natans)* liegen in einer engen Spirale auf dem Wasser. Auch sie verfärben sich im Herbst rot; die einjährige Art überwintert in Form von Nüssen am Teichboden. In kleinen Zierteichen sind Unterwasserpflanzen nicht erforderlich, für den notwendigen Sauerstoff sorgt ein kleiner Sprudelstein mit Pumpe.

! Viele der Probleme, die sich in großen – und doch eigentlich zu kleinen – „Naturteichen" ergeben, spielen im reinen Zierteich keine Rolle. Insbesondere die Algenblüte wird dank der Überschaubarkeit des Wasserkörpers niemals zum Problem; schöpfen Sie Algen einfach ab.

Fische oder keine Fische. Wenn die Fische nicht als integraler Bestandteil der Teichlandschaft in Erscheinung treten, wie etwa die spektakulären Koi-Karpfen, sollte man gänzlich auf Fische im Zierteich verzichten: Sie müssen in kleinen Teichen gefüttert werden, verschmutzen das Wasser und brauchen ein Winterquartier.

Wasserqualität. Da normales Leitungswasser gewöhnlich zu viel Kalk („Härte") enthält, sollten Sie sich die Mühe machen, nur Regenwasser oder zumindest abgestandenes Leitungswasser nachzugießen, um den Nährstoffgehalt des Wassers so gering wie möglich zu halten. Saures Wasser entsteht auch, wenn Sie in einer Regentonne Leitungswasser mit Weißtorf versetzen und Nachfüllwasser nur aus dieser Tonne entnehmen.

! Als Faustregel gilt: Etwa 30 Liter Torf auf 100 Liter Wasser zwei Wochen stehen lassen. Die Enthärtungsmischungen aus dem Fachhandel arbeiten zum Beispiel auf der Basis von Oxalsäure; befolgen Sie in diesen Fällen die Packungsanleitung.

Düngung. Selbstverständlich verbrauchen auch Teichpflanzen mineralische Nährstoffe. Innerhalb eines Teiches dürften diese Nährstoffe aber nicht frei im Wasser verteilt sein, da sich sonst die Algen stark vermehren. Sobald eine der Teichpflanzen Anzeichen von Nährstoffmangel zeigt – vergilbende oder absterbende Blätter, geringe Blühfreudigkeit oder gesteigerte Krankheitsanfälligkeit – muss nachgedüngt werden.

! Nehmen Sie zu düngende Pflanzen in ihren Töpfen aus dem Wasser heraus und versetzen Sie das Substrat mit Hornspänen oder mit Düngerkapseln, die ihre Nährstoffe langsam und dann auch lokal begrenzt abgeben, damit das Umgebungswasser nicht überdüngt wird.

Highlights am Teich

Für eine derart dichte und natürlich wirkende Uferbepflanzung mit Sumpfschwertlilien (Iris pseudacorus), die sich hier völlig zwanglos in eine naturnahe Bepflanzung fortsetzt, ist ein großer Teich erforderlich. Die weiße Seerose (Nymphaea alba) wuchert stark und sollte ebenfalls nur dann gepflanzt werden, wenn sich der Teich weitgehend frei entwickeln kann. Im kleinen Zierteich weicht man statt dessen besser auf schwächer wachsende Hybriden aus, die Sie im gutsortierten Garten-Fachgeschäft erhalten.

Highlights am Teich

Die Sumpfdotterblume (Caltha palustris) gehört zu den beinahe unverzichtbaren Pflanzen am und im Gartenteich. Sie blüht bereits im April und wächst entweder im Flachwasser (Kübel) oder in den sumpfigen Bereichen des Ufers.

Die zahlreichen Formen der Iris-Arten zeichnen sich durch die schwertartig steifen Blätter und große Blüten aus. Ihre Schönheit entfalten sie sowohl in der Nahsicht im Detail, wie in der Masse aus größerer Entfernung.

Die zauberhafte Schönheit der Seerosen wird durch eine interessante physiologische Besonderheit noch unterstrichen: Seerosen öffnen sich nur tagsüber und bleiben bei sehr schlechtem Wetter den ganzen Tag geschlossen.

Die gelbe Gauklerblume (Mimulus luteus) blüht verlässlich den ganzen Sommer über. Wer ihre Pracht genießen möchte, sollte nicht versuchen, die etwas heikle Pflanze aus Chile über den Winter zu bringen – lieber jedes Jahr eine neue erwerben.

Highlights im Beet

Man mag über viele Stauden diskutieren – am Rittersporn (Delphinium elatum 'Spindrift') kommt man einfach nicht vorbei. Er blüht verlässlich und ist in allen denkbaren Farbvarianten und Höhen erhältlich.

Die Kugeldistel (Echinops ritro 'Blue Ball') fügt sich perfekt in Rabatten ein. Allerdings sollte sie einzeln oder in kleiner Anzahl stehen, da sonst ihr Laub die Umgebung zu stark dominiert und von den Blütenständen ablenkt.

Edeldisteln (Eryngium 'Blue Star') bilden in trockenen Staudenbeeten – bei feuchten Böden faulen ihre Wurzeln – sehr markante Blickpunkte. Ihre grau-blauen Blütenstände machen sie zu idealen Partnern für Pflanzen mit silbrigen Blättern.

Im Unterschied zu manchen ihrer Verwandten, die am liebsten im Feuchten stehen, brauchen Bartiris (hier Iris-Barbata Hybride 'Tyrolean Blue') trockene Standorte ohne Staunässe; ideal sind leicht kalkhaltige Böden.

Im Unterschied zu den üblichen Pfingstrosen sind die Strauchpäonien (Paeonia suffruticosa), im Hintergrund eine Deutzie (Deutzia), Gehölze. Sie werden in zahlreichen Sorten angeboten und brauchen einen warmen Platz mit nährstoffreichem Boden.

Der Fingerhut (Digitalis purpurea), mit Sterndolde (Astrantia) im Hintergrund, ist eine sehr flexible Pflanze, die auf vielen Standorten zurecht kommt. Allerdings sollte man bei Kindern im Garten vorsichtig sein – Fingerhut ist giftig.

Früher galt sie als eine der Bauerngartenpflanzen schlechthin, heute hat die Stockrose (Alcea rosea) Eingang in viele Beetkompositionen gefunden. Da man sie selbst aus Samen anziehen kann, sollte man sie ruhig großzügig verwenden.

Auch die hübschen Malvenarten (hier Malva sylvestris) überzeugen mit ihrem charmant wilden Habitus. Ihr Platz ist ebenfalls die bunte Rabatte eines Cottage-Gartens, sie kann auch die Blütenpracht zum Heilkräutergarten beisteuern.

Highlights im Beet

Name, Platz, Ansprüche		Pflanzen, Pflege	Bemerkungen, Schmuckwert
Akanthus *(Acanthus mollis)* Ausladende Mittelmeerstaude mit dekorativen Blättern; 50–150 cm hoch; hohe Blütenstände mit zahlreichen, weißlichen Blüten (Juli bis August); sonnig, lockerer, steiniger Boden; empfindlich		Vor dem Pflanzen den Boden tiefgründig auflockern, Steine und Sand beimischen (ähnlich wie ein trockener Steingarten); auch im Kübel; Winterschutz (abdecken)	Die Blätter waren das Vorbild für die Kapitelle korinthischer Säulen; sie sind ebenso Blickpunkte wie die 30–40 cm hohen Blütenstände; besonders dekorativ in mediterranen Terrakottakübeln (kühl überwintern)
Fackellilie *(Kniphofia-Hybriden)* Staude mit grasartig schmalen, in einem Horst stehenden Blättern; Blütenstände mit gelben, orangefarbenen bis roten Blüten, auch zweifarbige Blütenstände (bis 140 cm hoch; Juli bis September); sonnig, normale, nährstoffreiche Gartenböden		Möglichst im Frühling einpflanzen; in den Folgejahren im Frühling organisch düngen; Blütenstiele im Herbst abschneiden; Blätter mit Reisig abdecken	Ungewöhnlicher Blickpunkt in Gras- oder Steppenbeeten; auch Solitär auf Hängen, in Steingärten oder kleineren Staudenbeeten; hübsch in der Kombination mit Fetthenne, Katzenminze oder Salbei
Herbst-Eisenhut *(Aconitum carmichaelii)* Staude, 100–140 cm hoch; intensiv dunkelblaue Blüten (September bis Oktober) in langem Blütenstand; lichter Schatten bis Halbschatten (verträgt keine heißen Standorte); nährstoffreicher Boden		Im Frühling mit organischem Langzeitdünger versorgen; regelmäßig, bei heißem Wetter auch häufiger, gießen; nach der Blüte zurückschneiden	Giftig, gute Schnittblume; wegen der hoch aufragenden, schmalen Form und der sehr späten Blütezeit unverzichtbare Solitärpflanze in beschatteten Beeten
Kaiserkrone *(Fritillaria imperialis)* Zwiebelpflanze, wächst mit einem einzigen Trieb in die Höhe, 60–100 cm hoch (zur Blütezeit); Blüten sortenabhängig von gelb bis ziegelrot (April), hängen vom Stängelende herab; sonnig, lockerer Boden		Pflanzung im Herbst; im Frühling düngen; Stängel wird nach der Blüte tief abgeschnitten; vergilbtes Laub entfernen	Klassiker des Bauerngartens, der in jedem Frühlingsbeet zur Geltung kommt – durch die schiere Größe und die hohe Exposition der Blüte; idealer Partner für farblich abgestimmte Tulpen; das vergilbte Laub muss allerdings ab Frühsommer von anderen Pflanzen verdeckt werden

Solitäre Beetpflanzen – Highlights im Beet – Blickpunkte für die Rabatte

Name, Platz, Ansprüche		Pflanzen, Pflege	Bemerkungen, Schmuckwert
Lilien (*Lilium*) Zwiebelpflanze mit vielen Arten und Sorten (abgebildet ist die Sorte 'Marco Polo'); je nach Sorte bis 150 cm hoch; große Blüten von Juni bis Juli in vielen Farben außer Blau; sonnig; durchlässiger Boden		Die Pflanzzeit unterscheidet sich je nach Form (Packungsangaben); kaufen Sie nur feste, weder trockene noch faulige Zwiebeln; unter den Zwiebeln Drainage aus Sand-Erde-Gemisch verteilen; im Frühling düngen, ggf. Stützen anbringen; im Spätherbst mit Mulch abdecken	Die natürlichen Arten der Lilien passen in Bauerngärten oder wilde Wiesen, Hybriden mit ihren prachtvollen, großen Blüten werden als Blickpunkte in Staudenrabatten eingesetzt
Lupine (*Lupinus*) Als Staude oder Einjährige angeboten; empfehlenswert sind vor allem die *Polyphyllus*-Hybriden; 80–100 cm hoch; prachtvolle, große Blütenstände in allen Farben (Juni bis Juli); sonnig, ideal ist leicht saurer Boden		Stauden werden im Frühling gepflanzt, Einjährige nach Packungsangabe direkt ins Freiland gesät; Stauden mit saurem Kompost mulchen; Blütenstände nach der Blüte abschneiden	Typische Bauerngartenstaude, sehr romantisch; die beste Wirkung erzielt man durch gruppenweise Pflanzung; als Partner bieten sich alle farblich passenden, rustikalen Stauden an (hier Bartiris)
Pracht-Goldrute (*Solidago*-**Hybriden**) Hoch und schmal aufragende Staude (50–80 cm hoch) mit kräftig gelb gefärbten, nickenden Blütenständen (Juli bis September); sonnig		Pflegeleicht, wächst in jedem normalen Gartenboden; im Frühling organischen Dünger geben; bei starker Trockenheit gießen; Verblühtes abschneiden	Das kräftige Gelb der Blüten ist sehr auffällig, die grünen Teile jedoch wenig attraktiv, daher in den Hintergrund pflanzen, sodass die Farbe gut zur Geltung kommt; Kombination mit den meisten Stauden möglich (Glockenblumen, Indianernessel, Margerite, Sonnenhut u. a. m.)
Prachtspiere (*Astilbe arendsii* **Hybriden**) Staude mit zahlreichen Sorten (zwischen 20 und 120 cm hoch); gefiederte Blätter; winzige Blüten (weiß, rosa, rot, rotviolett und viele Zwischentöne) ab Juni bis September; halbschattig, lehmiger, etwas feuchter Boden		Nicht an trockene Stellen pflanzen; reichlich gießen, im Frühling organisch düngen und Humus aufstreuen; Fruchtstiele bis auf den Grund zurückschneiden	Wirken am besten in einer größeren Gruppe mit abgestimmten Blütezeiten; unverzichtbar, weil sie in schattigen Ecken oder unter Bäumen (wegen Wurzelkonkurrenz nicht zu stark wurzelnden Gehölzen pflanzen) szenische Blickpunkte bilden

Highlights im Beet

Name, Platz, Ansprüche		Pflanzen, Pflege	Bemerkungen, Schmuckwert
Purpur-Sonnenhut *(Echinacea purpurea)* Staude, 70–100 cm hoch; einzelner, großer, margeritenähnlicher Blütenstand mit aufgewölbtem Zentrum (Juli bis September), Sorten in verschiedenen Rottönen; sonnig, nährstoffreicher Boden		Kurzlebige Staude, daher alle 3–4 Jahre im Frühling neu pflanzen; Austrieb durch übergestülptes Einweckglas vor Schnecken schützen; nach der Blüte zurückschneiden	Gruppenweise oder in Kombination mit anderen Stauden verwenden (z. B. Aster, Indianernessel, Prachtscharte); die Blüte ist noch aus großer Entfernung sichtbar, daher perfekt als Kontrast vor einer dunkelgrünen Hecke
Riesenlauch *(Allium giganteum)* Zwiebelpflanze, 100–150 cm hoch; grasartige Blätter in einem Horst; Blüten in kugeligen Blütenständen (Durchmesser 15 cm) auf blattlosen Stängeln (Ende Mai bis Juni); sonnig, eher trockene, lehmige Böden		Zwiebeln im Herbst setzen (auf guten Wasserabzug achten; etwas Sand beimischen); wenig Dünger, wenn die Blätter austreiben; Blütenstand nach der Blüte abschneiden	Gute Schnittblume; die kugeligen Blütenstände erheben sich über mittelhohe Beetstauden; das Laub vergilbt allerdings rasch und sollte abgeschnitten bzw. hinter anderen Pflanzen verborgen werden; guter Partner für Pfingstrosen oder blühende Sträucher
Sonnenblume *(Helianthus annuus)* Einjährige Pflanze, die Art wird bis 2,50 m hoch, Sorten bis zu Zwergformen von 40 cm erhältlich; spektakulärer Blütenstand auf kräftigem Stiel (Juli bis November); sonnig, nährstoffreiche, locke Böden		Ab April direkt ins Freiland säen (Packungshinweise beachten); im Sommer regelmäßig gießen; ggf. abstützen (oder Standort vor einem Zaun)	Klassische Bauerngartenstaude, als Blickpunkt im Hintergrund arrangieren; auch Kombination mehrerer Sorten in unterschiedlicher Höhe möglich; kleine Sorten eignen sich als ungewöhnliche Kübelpflanzen
Steppenkerze *(Eremurus robustus)* Wuchtige Knollenpflanze, zur Blütezeit 2,00–2,50 m hoch; schwertförmige, straffe Blätter (vergilben nach der Blüte); weiße Einzelblüten in meterhoch aufragender Traube (Juni bis Juli); sonnig, durchlässiger Boden		Wurzelstock auf eine Schicht aus Sand und Steinen legen (Drainage); mit ca. 15 cm Erde überschichten; wenig düngen im Frühling, sparsam gießen	Ideal als spektakulärer Blickpunkt im Steppengarten oder zwischen Gräsern; in Rabatten im Hintergrund, sodass die vergilbenden Blätter abgedeckt werden

Solitäre Beetpflanzen – Highlights im Beet – Blickpunkte für die Rabatte

Name, Platz, Ansprüche		Pflanzen, Pflege	Bemerkungen, Schmuckwert
Taglilie *(Hemerocallis)* Ungewöhnliche Staude mit weit ausladenden, grasartigen Blättern, die große, dekorative Büschel bilden; 40–140 cm hoch; sehr große, lilienähnliche Blüten in vielen Farbtönen (sortenabhängig; Mai bis August); sonnig bis halbschattig		Robust und pflegeleicht, blüht verlässlich; Boden um die Staude mulchen; Blütenstiele werden nach der Blüte entfernt	Kann überall im Garten verwendet werden, da die Blüten auch im Halbschatten erscheinen; in Gras- oder Steppenbeeten, zwischen lichten Sträuchern, am Teichrand; gehört in jeden Garten
Türkischer Mohn *(Papaver orientale)* Staude mit ungewöhnlich großen, prachtvollen Blüten, Sorten in vielen Blütenfarben außer Blau (Mai bis Juni); 30–100 cm hoch; sonnig, durchlässiger Boden (Wurzel fault leicht)		Boden gut auflockern, ggf. mit Sand vermischen; regelmäßig im Frühling düngen; Verblühtes abschneiden (einige wegen der attraktiven Samenkapseln stehen lassen); zieht sich nach der Blüte ein	Stets mehrere Exemplare, gleichfarbig oder farblich abgestimmt, pflanzen; zur Blütezeit sticht Mohn jede andere Pflanze aus, d. h. entweder mit früher oder später blühenden Stauden kombinieren; müssen nach dem Einziehen verdeckt werden; giftig
Wald-Geißbart *(Aruncus dioicus)* Ausladend wachsende Staude, 150–200 cm hoch; große gefiederte Blätter mit gelber Herbstfärbung; winzige, cremeweiße Blüten in weit ausladenden, verzweigten Blütenständen (Juni bis Juli); halbschattig, lehmiger, nährstoffreicher Boden		Recht anspruchslose, langlebige Waldstaude; bei stärkerer Trockenheit gießen; im Spätherbst bis auf den Boden zurückschneiden; günstig wirkt sich eine mit Laub vermischte Mulchschicht aus	Hervorragender Blickpunkt für eine schattige Ecke, unter Bäumen oder zwischen Heckensträuchern; kann gut mit Astilben, hohen Glockenblumen oder Schaublatt *(Rodgersia)* kombiniert werden
Weiderich *(Lythrum salicaria)* Staude, die aufrechte Horste bildet, 80–140 cm hoch; rotviolette Blüten in hohen, schmalen Blütenständen (Juli bis September), Sorten auch rosa bis dunkelrot; sonnig bis halbschattig, feuchter bis nasser Boden		Pflegeleichte Staude, die nur nicht austrocknen darf; verträgt die Staunässe am Rand von Teichen; Verblühtes sollte entfernt werden, damit sich keine Samen bilden	Eigentlich eine Teichrandpflanze, kann aber durchaus in Bauerngärten (in der Abbildung in Kombination mit Phlox) attraktiv aussehen; im Hintergrund feuchter Beete, zwischen Heckenpflanzen

Highlights in Töpfen

Solange die Kübel nur groß genug sind, lassen sich praktisch alle Sträucher und Stauden auch in solche mobilen Gärten verpflanzen. Die Szene zeigt die enormen Möglichkeiten einer solchen Gartengestaltung: Man kann – natürlich auch in deutlich kleinerem Rahmen – jeweils die Pflanzen in die Nähe eines Sitzplatzes rücken, die gerade in voller Blüte stehen. Für den ruhigen, farblichen Ausgleich sorgen die beschnittenen Buchsbäume in italienisch angehauchten Terrakottakübeln.

Die unterschiedliche Höhe der Hochstämme macht den Reiz dieses Arrangements aus. Der absolute Gleichklang der Kübel und des Unterwuchses verleihen etwas Ruhe. Solche Kübel bilden auch vorteilhafte „Mini-Alleen" am Beginn eines Weges.

Auch typische Beetpflanzen wie die Wolfsmilch (Euphorbia wulfenii) sehen in Kübeln gut aus. Hier wurde bewusst mit dem Größenkontrast gespielt: Eigentlich ist die Wolfsmilch viel zu klein und setzt daher einen witzigen Akzent.

Orangenbäumchen im Kübel brauchen ein kühles Plätzchen zum Überwintern. Während der warmen Jahreszeit sind sie allerdings in solchen formalen Buchsbaumgärten kaum zu übertreffen – italienische Lebensart trifft auf den strengen Norden.

Die kleinen, in Form geschnittenen Buchsbaumkugeln kann man zwar fertig kaufen, sie sind jedoch bestens geeignet, die eigene Fingerfertigkeit zu testen – dann erst sollte man sich an größere Objekte wagen; im Vorder- und Hintergrund Rosa 'Schneewittchen'.

Damit der Frühling gleich mit einer üppigen Blütenpracht beginnt, wurden die Tulpenzwiebeln (Tulipa 'Apricot Beauty') bereits im Herbst eingepflanzt. Wenn man Blumenzwiebeln unterschiedlich tief eingräbt, blühen sie zeitlich gestaffelt.

Highlights in Töpfen

Kübelpflanzen bieten die faszinierende Möglichkeit, mit geringem Aufwand Highlights zu schaffen, vor allem da jede nicht zu große Pflanze auch im Kübel wachsen kann.

Art und Form der Kübel. Im Unterschied zu Objekten und Skulpturen im Garten wirkt ein bepflanzter Kübel stets als Einheit aus einem toten (Behälter) und einem lebenden (Pflanze) Anteil. Die Bepflanzung sollte daher in Stil und Größe möglichst genau auf den Kübel abgestimmt werden – oder umgekehrt. Während also beispielsweise ein Bonsai-Bäumchen in einer flachen, asiatischen Keramikschale optimal zu Geltung käme, wirkte derselbe Baum in italienischem Terrakotta mit Fruchtgirlande völlig deplatziert. Andererseits gibt es nichts Passenderes für ein Terrakotta als beispielsweise ein Zitronenbäumchen.

❗ Legen Sie sich zunächst einige möglichst neutrale Kübel in geraden, schlichten Formen zu. Sie eignen sich für die meisten Blattschmuck- und Blütenstauden, sowie für Zwiebel- und Knollenpflanzen, um den Frühling auf die Terrasse zu holen. Nach und nach können Sie dann Ihren „Topf-Park" um verschiedene exotische oder auch witzige Kübel ergänzen. Halten Sie stets eine ausreichende Menge an „normalen" Blumentöpfen bereit; sie dienen der Anzucht von Einjährigen und als Innentöpfe.

Kübel vorbereiten. Vor dem Bepflanzen muss der Topf gründlich gesäubert werden, um Pilze, Algen und Krankheitskeime zu entfernen. Benutzen Sie eine heiße Lösung aus Schmierseife und eine grobe Wurzelbürste. Terrakottatöpfe, die ohne Innentopf verwendet werden, sollten vor dem Bepflanzen ein bis zwei Tage in Wasser untergetaucht werden, damit sie sich voll saugen und der Pflanzerde nicht zuviel Wasser entziehen. Verwenden Sie ausschließlich Übertöpfe mit Abzugslöchern im Boden, sonst entsteht Staunässe, in der die Wurzeln zu faulen beginnen. Sollten Sie sich dennoch in einen Kübel ohne Abzug verlieben, verwenden Sie ihn ausschließlich mit einem Innentopf, der auf Ziegelsteinen steht. So können Sie von Zeit zu Zeit den Innentopf herausheben und das gesammelte Wasser im Übertopf ausschütten.

❗ Kaufen Sie zusammen mit einem Kübel stets zwei bis drei Kunststoff- oder einfache Terrakottatöpfe, die genau hinein passen. Wenn Ihnen ein Arrangement nicht mehr gefällt, beziehungsweise eine Pflanze nach der Blüte ausgetauscht werden muss, steht bereits ein „fertiger" Innentopf bereit, den Sie nur in den Kübel setzen müssen.

Kübel bepflanzen. Im Grunde kann man bei der Bepflanzung eines Kübels nur zwei Dinge gründlich falsch machen: Wasserabzug und Substrat. Legen Sie immer (!) einige Topfscherben oder große Kieselsteine über das Abzugsloch, damit überschüssiges Wasser ablaufen kann und die Erde nicht ausgeschwemmt wird; dann erst wird das Substrat eingefüllt. Verwenden Sie als

Substrat möglichst keine normale Gartenerde; sie enthält zu viele Unkrautsamen, Pilzsporen und Algen. Für die meisten mehrjährigen Kübelpflanzen gibt es die so genannte „Einheitserde", die bereits mit Dünger ausgestattet ist. Einjährige dürfen ruhig auch in preiswerter „Blumenerde" oder selbst hergestelltem Kompost wachsen; das Substrat kommt nach der Blüte zusammen mit den Pflanzen auf den Kompost. Achten Sie auf einen genügend großen Topf, damit sich die Wurzeln frei ausbreiten können. Auch in diesem Fall erweist es sich als praktisch, Innentöpfe zu verwenden, die man leichter austauschen und in einen größeren Übertopf umsetzen kann.

! Wenn Sie regelmäßig Kübel oder Töpfe bepflanzen, lohnt sich ein kleiner Arbeitstisch, auf dem Folgendes liegen sollten: Sack/Säcke mit Erde, Scherben, Pflanzschaufel, Eimer zum Untertauchen der Containerpflanzen, Gießkanne und je mehr Töpfe, desto besser.

Wässern und Düngen. Da einer Kübelpflanze viel weniger Wurzelraum zur Verfügung steht als im Garten, muss sie regelmäßig mit Wasser und Dünger versorgt werden. Leider gibt es keine goldene Gießregel, da die verbrauchte Wassermenge nicht nur von Temperatur und Wind, sondern auch von der Art der Pflanze abhängig ist. Prüfen Sie daher mit dem Finger die oberste Erdschicht (in etwa 5–10 cm Tiefe) und gießen Sie nach, wenn sie ausgetrocknet ist – Pflanzen vertragen allerdings eher eine kurzzeitige Trockenheit als ständig feuchte Wurzeln! Ideal als Gießwasser geeignet ist das weiche Regenwasser aus der Tonne. Ansonsten füllt man die Gießkanne jeweils nach dem Gießen mit Leitungswasser auf und lässt sie voll bis zum nächsten Tag stehen. Entscheiden Sie sich beim Dünger für Langzeitdünger oder Düngerstäbchen, die ihren Inhalt nach und nach abgeben; für einjährige Sommerblumen bietet der Handel auch spezielle Flüssigdünger an.

! Gewöhnen Sie sich feste Gießzeiten an, so geraten Sie nicht in die Gefahr, das Gießen zu vergessen oder gar doppelt zu gießen. Im Sommer gießt man am besten früh morgens oder spät abends, im Winter besser am Vormittag, damit nachts kein freies Wasser mehr im Topf steht. Auch wenn es bürokratisch klingt: Notieren Sie sich, wann welcher Topf gedüngt wurde. Bei zwei Töpfen mag man sich erinnern, aber bei zahlreichen Töpfen mit unterschiedlichen Ansprüchen?

Das Finish. Damit aus einer einfachen Topfpflanze ein Highlight wird, ist neben perfekter Pflanzung und Pflege auch das richtige Finish erforderlich: Überlegen Sie sich, wie die Oberfläche des Topfes gestaltet wird (Mulch, farbige Glasperlen, Kieselsteine, Unterpflanzung) und denken Sie auch an passende Accessoires (Schleifen, Kugeln, Gartenschmuck). Viele blühende Kübelpflanzen profitieren davon, wenn Verblühtes regelmäßig abgeschnitten wird. Fällt nämlich die Fruchtbildung aus, wird die Pflanze zur Bildung neuer Blüten angeregt. Entfernen Sie auch regelmäßig verwelkte Blätter und achten Sie auf krankhafte Veränderungen an Blättern oder Blüten. Erkrankte Pflanzen sollten rasch entfernt werden, damit sich die Krankheit nicht ausbreitet.

! Beachten Sie, dass manche Kübelpflanzen erst dann zur Vollendung gelangen, wenn sie mit anderen zusammen stehen. Es gibt praktisch keine Gestaltungsarbeit im Garten, die einem kreativen Geist so viel Freiheit lässt, wie das Komponieren perfekter Kübelarrangements.

Hier stimmt einfach alles, da bei der Gestaltung dieser Schale auch das Finish beachtet wurde. Blütenpracht am Boden und in der Höhe – so schön können Kübelpflanzen sein.

Weiterführende Literatur

Herta Simon, Jürgen Becker,
Marion Nickig
„Das große GU Gartenbuch"
Gräfe und Unzer München (2001)

Roy Strong
„Räume gestalten im Garten.
Ideen für kleine Paradiese"
Dumont Köln (1994)

Michael Breckwoldt, Jürgen Becker
„Gärten gestalten, Gärten genießen"
Ellert & Richter Hamburg (2002)

Gisela Keil, Jürgen Becker
„Kleine Gärten voller Phantasie"
DVA München (2003)

Penelope Hobhouse
„Meine schönsten Gärten"
Ellert & Richter Hamburg (1999)

Piet Oudolf
„Neues Gartendesign mit
Stauden und Gräsern"
Eugen Ulmer Stuttgart (1999)

Gisela Keil, Jürgen Becker
„Die Kunst der Beete"
DVA München (2003)

Gisela Keil, Jürgen Becker
„Gärten im Winter"
DVA München (2003)

Bernd Hertle, Peter Kiermeier,
Marion Nickig
„Gartenblumen"
Gräfe und Unzer München (1993)

Susan Berry, Anthony Paul
„Gärten in der Stadt"
Callwey München (1997)

Jill Billington
„Der neue klassische Garten"
Callwey München (2001)

Penelope Hobhouse, Patrick Taylor
„Gärten in Europa"
Eugen Ulmer Stuttgart (1992)

Anke Kuhbier, Jürgen Becker
„Die schönsten Rosen"
Ellert & Richter Hamburg (1998)

Gartenliste

Adriaanse-Quint (NL) S. 29
Arends Staudengärtnerei (D) S. 28, S. 37
Arnoldshof (NL) S. 51, S. 55, S. 114
Avantgarden (B) S. 17, S. 97, S. 120, S. 97
Barnsley House (GB) S. 25, S. 53, S. 65, S. 94
Berges (D) S. 123
Blume-Zander (D) S. 96 u. re.
Botvliet (NL) S. 104
Brettschneider (D) S. 74 o. re.
Buga Düsseldorf (D) S. 144
Chyverton (GB) S. 93
Clopterop (B) S. 92
De Hagenhof (NL) S. 9, S. 86
De Heeren van Bronkhorst (NL) S. 8, S. 106, Skulptur: Casper ter Heerdt
De Rhulenhof (NL) S. 49, S. 109
De Sy (B) S. 33
De Tintelhof (NL) S. 115
De Wiersse (NL) S. 36, S. 45, S. 73, S. 121
De Witte S. 42 re.
Deferme (B) S. 75
Die Gartengalerie Walzbachtal (D) S. 50
Duynhower (NL) S. 111 li.
Frei (B) S. 22
Funke (D) S. 84 re.
Gamberaia (IT) S. 16, S. 153 u. li.
Gerlach (D) Titel li., S. 98
Gilles (D), Gartendesign:
Rösner-Papenfuß (D) S. 96 o. li, S. 96 u. li.

Glaser (D) S. 111 re.
Grugapark Essen (D) S. 14, S. 21, S. 60, S. 139
Hans (D) S. 68
Haye (NL) S. 42 li., S. 118 u. re.
Hechelmann (D) S. 19, S. 54
Hof ter Wyden (B) S. 72
Japangarten Bayer Leverkusen (D) S. 12, S. 13, S. 20, S. 38, S. 126
Joziasse (NL) S. 103
Kasteel Wijlre (NL) Rücktitel mi., S. 105 li.
Keukenhof (NL) S. 113
L'Hay les Roses (F) Titel re., S. 59, S. 66
Lavooij (NL) S. 40, S. 74 u. re.
Lauxterman (NL) S. 112
Lucenz-Bender (D) Rücktitel li., S. 15, S. 26, S. 27, S. 70, S. 87, S. 122, S. 154
Meijers (NL) S. 118 o. li.
Meinhardt (B) S. 35
Mertens (D) S. 77
Meyhof (NL) S. 43, S. 140
Mien Ruys (NL) S. 78
Müller (D) S. 153 o. li.
Neschkes (D) S. 39 li., S. 41 re., S. 74 u. li.
Oudolf (NL) S. 6, S. 118 u. li., S. 137, S. 151 u.
Pairon (B) S. 41 li., S. 96 o. re., S. 152
Parc Canon de Mezidon (F) S. 46, S. 57
Pine Lodge (GB) S. 85, S. 89
Poley-Bom (NL) S. 47

Roelofs (NL) S. 5
Roos (NL) S. 56
Roosmalen (B) S. 31
Schlosspark Benrath (D) S. 11
Sissinghurst (GB) S. 153 o. re.
Steenbakers (NL), Gartendesign: A. J. van der Horst (NL) S. 100
Stuurman (NL) S. 84 li.
Suhrborg (D), Gartendesign: Grünplanung (D) S. 7
T'Hof Overwellingen (NL) S. 23, S. 30, S. 32, S. 44, S. 71, S. 80, S. 107 (Wasserspiel: Ewert den Hartog (NL)), S. 116, S. 155
Tintinhull (GB) S. 108
Van den Branden (NL), Gartendesign: A. J. van der Horst (NL) S. 153 u. re.
Van Glabbeek (B) S. 79, S. 117
Van Steeg (NL), Gartendesign: Oudolf (NL) S. 3, S. 61, S. 110
Voute (NL) S. 74 o. li.
Vriesen (NL) S. 64
Wenninger (D), Gartendesign: Püschel (D) Rücktitel re., S. 62, S. 90, S. 101
Westfalenpark Dortmund (D) S. 58

Weitere Bücher des Becker Joest Volk Verlags

Prachtvolle Nutz- und Bauerngärten
163 Seiten mit ca. 220 Farbabbildungen
mit Pflanztabellen, Tipps und Adressen
Format 30 x 24 cm
Text Wolfgang Hensel
Fotografie Jürgen Becker
EUR 29,90 (D) / 31,90 (A) / sFr. 49,90
ISBN 3-9808977-0-2

Zauberhafte Cottage- und Landhausgärten
163 Seiten mit ca. 180 Farbabbildungen
mit Pflanztabellen, Tipps und Adressen
Format 30 x 24 cm
Text Dorothée Waechter
Fotografie Elke Borkowski
EUR 29,90 (D) / 31,90 (A) / sFr. 49,90
ISBN 3-9808977-1-0

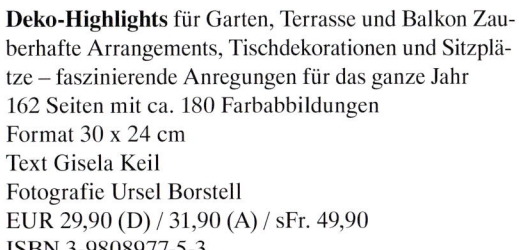

Deko-Highlights für Garten, Terrasse und Balkon Zauberhafte Arrangements, Tischdekorationen und Sitzplätze – faszinierende Anregungen für das ganze Jahr
162 Seiten mit ca. 180 Farbabbildungen
Format 30 x 24 cm
Text Gisela Keil
Fotografie Ursel Borstell
EUR 29,90 (D) / 31,90 (A) / sFr. 49,90
ISBN 3-9808977-5-3

Pflanzen-Highlights
Von Allium bis Zaubernuss – erlesene Schönheiten
für jeden Standort
212 Seiten mit ca. 200 Farbabbildungen
Format 30 x 24 cm
Text Susanne Wiborg
Fotografie Ursel Borstell
EUR 34,90 (D) / 35,90 (A) / sFr. 57,90
ISBN 3-9808977-4-5

Der Wellness- und Kräuter-Garten
Die private kleine Oase zum Abschalten und Regenerieren
144 Seiten mit ca. 85 Farbabbildungen
Format 23,5 x 27,8 cm
Text Dr. Wolfgang Hensel
Fotografie Jürgen Becker
EUR 24,95 (D) / 26,90 (A) / sFr. 41,90
ISBN 3-938100-01-X

Zauberhafte Dekorationen
für drinnen und draußen
Inspirationen für alle Jahreszeiten
120 Seiten mit ca. 90 Farbabbildungen
Format 23,5 x 27,8 cm
Text Silke Kluth
Fotografie Elke Borkowski
EUR 24,95 (D) / 26,90 (A) / sFr. 41,90
ISBN 3-938100-03-6

Ein Garten fürs Leben
Mit Manfred Lucenz und Klaus Bender
durch das Gartenjahr
168 Seiten mit ca. 160 Farbabbildungen
Format 23,8 x 28 cm
Text Klaus Bender und Manfred Lucenz
Fotografie Jürgen Becker
EUR 29,90 (D) / 31,- (A) / sFr. 50,-
ISBN 3-9808977-3-7
Neuauflage Becker Joest Volk Verlag, März 2004

Index

A

Abies alba 'Pyramidalis' 31
Acaena macrophylla 52
Acanthus mollis 148
Acer 13, 20, 91, 111, 129, 133
Achse 4, 47, 56, 59, 63, 67, 72, 77, 80, 81, 83, 88, 95
Aconitum carmichaelii 148
Actinidia arguta 76
Actinidia kolomikta 24
Agapanthus 39, 100
Ahorn 13, 111
Akanthus 148
Akebia quinata 24, 76
Akebie 24, 76
Alcea rosea 147
Alchemilla mollis 115, 141
Allee 71, 72
Allium 33, 65, 150
Alnus 91
Alyssum saxatile 52
Amelanchier 124
Antennaria dioica 52
Apfelbaum 88
Aristolochia macrophylla 76, 135
Armeria maritima 52
Aruncus dioicus 151
Aster 150
Astilbe 37, 149, 151

Astilbe arendsii 149
Astrantia 147
Aubrieta 52
Aucuba 91
Aukube 91
Azaleen 122, 126, 130
Azolla caroliniana 143

B

Bambus 29, 51, 81, 91, 101, 137, 141
Barock 31, 59, 63
Bartiris 146, 149
Bauerngarten 47, 59, 67, 148, 151
Baumwürger 135
Berberis 91, 124
Berberitze 91, 124
Bergahorn 91
Bergenia 71, 141
Bergenie 71, 141
Betula 91, 133
Binsen 113
Birke 91
Blattschmuck 76, 141, 143, 154
Blattschmuckstauden 78, 84, 141
Blaublattfunkie 141
Blaukissen 52
Blauschwingel 137
Blutbuche 34, 88, 118
Blütenhartriegel 11

Blütensträucher 10, 34, 124, 130
Bodenpflege 127, 141
Bögen 9, 12, 18, 29, 31, 34, 72, 76, 77, 80, 83, 118, 134, 135
Bouteloua oligostachya 137
Brombeere 76, 135
Brücke 63, 111, 114
Brunnen 56, 114
Brunnenkresse 143
Buche 31, 91
Buchsbaum 18, 31, 47, 67, 88, 111, 113, 119, 120, 127, 152
Buchsbaumkugeln 40, 41, 42, 44, 52, 47, 115, 153
Buchshecke 109
Buddleja alternifolia 130
Buddleja davidii 130
Bunter Schachtelhalm 143
Buxus 40, 42, 44, 47, 78, 109, 115

C

Calamagrostis 87, 137, 138
Calla 42
Callicarpa bodinieri 131
Caltha palustris 145
Camellia × *williamsii* 129
Camellia japonica 129
Campanula 52
Carex acutiformis 143

Carex morrowii 137
Carex pendula 137
Carpinus betulus 31, 76, 118
Carya ovata 91, 133
Celastrus 135
Chaenomeles 34, 125
Chamaecyparis 31, 91
Chinaschilf 21, 87, 137, 138
Christrose 70
Clematis 24, 25, 34, 76, 134, 135
Clethra barbinervis 91, 133
Cobaea scandens 76
Cornus 11, 91, 124, 132, 133
Cortaderia 137, 139
Corylopsis spicata 128
Corylus 76, 91
Cotoneaster 52, 91
Crocus tommasinianus 68
Cryptomeria japonica 'Cristata' 91
Cryptomeria japonica 'Pyramidalis' 31
Cucurbita pepo 135

D

Darmera peltata 84, 116, 142
Delphinium 141, 146
Deschampsia 138
Deutzia 34, 147
Deutzie 34, 147

Dianthus deltoides 52
Dicentra 71, 141, 142
Digitalis purpurea 147
Dryopteris filix-mas 141, 142
Duftschneeball 128
Duftwicke 76, 135, 136
Dünger 122, 127, 149, 150, 155
Durchblick 17, 18, 21, 23, 83

E

Eberesche 31, 91
Echinacea purpurea 150
Echinops ritro 'Blue Ball' 146
Echter Wein 24
Edeldisteln 146
Efeu 24, 27, 52, 76, 80, 135
Eibe 31, 34, 45, 76, 77, 91, 118
Eibenhecke 33
Eiche 91
Einpflanzen 119, 127, 135
Einrahmung 12, 18, 47
Elaeagnus 91
Elfenkrokus 68
Equisetum variegatum 143
Eremurus robustus 150
Erle 91
Eryngium 'Blue Star' 146
Esche 91
Essigbaum 61, 87

Index

Etagenprimeln 55, 85
Euonymus 76, 91
Euphorbia 39, 153

F

Fächerahorn 20, 129
Fackellilie 148
Fagus 31, 45, 91, 118
Farn 32, 112, 141
Feenmoos 143
Feldsteine 51, 88
Feldthymian 52
Felsenbirne 124
Festuca cinerea 137
Fetthenne 52, 148
Feuerbohne 76
Feuerdorn 34
Fingerhut 147
Flieder 34, 128, 131
Fliederbaum 88
Formschnitt 32, 120, 127
Formschnittsträucher 47
Forsythia 12, 34, 124
Forsythia × intermedia 124
Forsythie 12, 21, 124
Frauenmantel 115, 141
Fraxinus 91
Fritillaria imperialis 148
Funkien 32, 84, 114, 115, 117, 141

G

Galanthus nivalis 15, 68, 69
Gartenbank 99
Gartengebäude 92, 102
Gartenhaus 42, 105, 110
Gartenplastik 12, 32, 52, 56, 81, 83, 88, 99, 111, 113
Gartenskulptur 63, 113
Gartenteich 10, 42, 143, 145
Gartentor 31, 47, 71
Gauklerblume 145
Gehölze 10, 17, 18, 21, 39, 63, 71, 72, 83, 87, 91, 119, 127, 132, 147, 149
Gehölzschnitt 127
Geißblatt 24, 56, 76, 77, 135
Gemeiner Schneeball 34
Gemeiner Wacholder 31
Gemüse 18, 21, 47
Glanzmispel 129
Glockenblume 52, 149, 151
Glockenrebe 76
Glyzine 24, 48, 76, 80, 135, 136
Goldregen 21, 65, 83
Gräser 60, 87, 137, 138, 141
Gräserrotunde 6
Grasnelke 52
Grünblattfunkien 141
Gunnera 84, 85, 114, 117, 141, 142

H

Hagebutte 34
Hainbuche 31, 34, 76, 118
Hainsimse 137
Hamamelis 82, 88, 128
Hamamelis × intermedia 124
Hartriegel 91, 124, 132, 133
Haselnuss 91, 128
Heckenschnitt 119
Hedera helix 24, 27, 33, 52, 76, 135
Heidenelke 52
Helianthus annuus 150
Helleborus 70
Hemerocallis 151
Heuchera 141
Hibiscus syriacus 131
Hickory 91, 133
Hirschzungenfarn 141
Holzdeck 5, 18, 51, 92, 95, 99, 101
Holzzaun 24, 34
Hopfen 76
Horst 138, 141, 148, 150, 151
Hortensie 5, 10, 21, 34, 35, 49, 52, 91, 128, 136
Hosta 32, 84, 114, 115, 117, 141, 142
Humulus lupulus 76
Hydrangea 5, 10, 23, 34, 35, 49, 56, 74, 76, 128, 135, 136

I

Igelkolben 143
Ilex 31, 91
Immergrüne 31, 34, 119, 125, 132
Indianernessel 149, 150
Ipomoea 76, 135
Iris 73, 112, 114, 117, 144, 145, 146

J

Japanische Kirsche 12, 13
Japanische Zierkirsche 21, 31, 71, 132
Japansegge 137
Jasminum nudiflorum 76, 135
Juniperus 31

K

Kaiserkrone 148
Kalmia angustifolia 130
Kalmie 130
Kamelie 129
Kapuzinerkresse 135, 136
Katzenminze 148
Katzenpfötchen 52
Kerria japonica 34, 91, 125
Kerrie 34, 91
Kiesweg 49, 59
Kirschbaum 38
Kletterhortensie 23, 56, 76, 135
Kletterpflanzen 12, 24, 29, 32, 72, 77, 80, 102, 134, 135, 136
Kletterrose 18, 24, 30, 32, 56, 92, 134, 135
Kniphofia 148
Knöterich 76, 135
Kolkwitzia amabilis 129
Kolkwitzie 129, 131
Koniferen 10, 23, 32, 125
Königsfarn 141
Korkenzieherhasel 76, 91
Korkenzieherweide 91
Kornelkirsche 124
Krokusse 83, 84
Kübelpflanzen 29, 31, 32, 39, 40, 72, 88, 95, 105, 113, 150, 154, 155
Kugelakazie 88
Kugeldistel 146

L

Laburnum 65, 83
Lampenputzergras 137
Landschaftsgarten 63, 81
Lathyrus odoratus 76, 135, 136
Laube 102, 105
Laubengang 59, 72, 76, 80
Lavendelheide 130

Index

Lebensbaum 31, 34, 118
Liguster 119
Ligusterhecke 42
Ligustrum ovalifolium 42
Lilien 27, 34, 149
Lilium 27, 149
Lonicera 24, 56, 76, 135
Lorbeerbäumchen 31
Lorbeerkirsche 31, 34
Lorbeerrose 130
Lunaria 87
Lupine 149
Lupinus 149
Luzula sylvatica 137
Lysimachia nummularia 52, 112
Lythrum salicaria 151

M

Magnolia 130
Magnolien 130
Mahonia aquifolium 125
Mahonie 125
Malva sylvestris 147
Malve 147
Mammutblatt 84, 114, 117, 141, 142
Mangold 141
Mastkraut 52
Matteuccia struthiopteris 141
Mentha aquatica 143

Mimulus luteus 145
Miscanthus sinensis 21, 137, 138
Molinia 137
Moorbeet 130
Moosphlox 52
Moskitogras 137
Myosotis 26

N

Nachtschatten 134
Narcissus 8, 94, 113
Narzissen 8, 94
Nasturtium officinale 143
Naturstein 10, 24, 39, 51, 52, 54, 55, 95, 143
Nutzgärten 47
Nymphaea alba 144

O

Ölweide 91
Orangenbäumchen 153
Ornament 22
Osmunda regalis 112, 141
Osterglocken 102, 113

P

Pampasgras 87, 137, 139

Papaver orientale 151
Pappel 91
Parterres 59, 63
Parthenocissus 24, 76, 135
Patina 80, 102
Pavillon 102, 104, 105, 143
Pennisetum alopecuroides 137
Pergola 51, 80, 83, 102, 135
Pfeifengras 137
Pfeifenstrauch 34, 131
Pfeifenwinde 76, 135
Pfennigkraut 52, 112
Pflanzschnitt 119
Pflanzzeit 119, 149
Phalaris 143
Phaseolus 76, 135
Philadelphus 34
Phlox subulata 52
Photinia × *fraseri* 129
Phragmites australis 143
Phyllitis scolopendrium 141
Picea abies 'Cranstonii' 91
Pieris japonica 130
Platane 91
Platanus 91
Polsterstauden 88
Polygonum aubertii 76, 135
Populus 91
Portikus 56
Portugiesische Lorbeerkirsche 31

Prachtscharte 150
Prachtspiere 34, 149
Primel 84, 112
Primula 'Miller's Crimson' 55
Primula alpicola 'Luna' 112
Primula japonica 85
Prunkwinde 76, 135
Prunus 12, 31, 38, 43, 80, 91, 132
Purpurglöckchen 141
Pyracantha 34

Q

Quellsteininsel 89
Quercus 45, 91

R

Ranunkelstrauch 125
Reitgras 87, 137, 138
Renaissance 31, 59, 63
Rheum 141
Rhododendron 31, 34, 36, 93, 96, 117, 122, 130
Rhus typhina 61
Riesenlauch 150
Riesensegge 137
Rinde 91, 125, 127, 129, 132, 133
Rittersporn 141, 146
Rodgersia 151

Rohrglanzgras 143
Rohrkolben 113, 143
Rosa 24, 30, 31, 34, 56, 58, 59, 64, 72, 76, 92, 125, 131, 134, 135, 153
Rosa 'American Pillar' 59
Rosa 'Bonica' 64
Rosa 'Compassion' 134
Rosa 'Constance Spry' 30
Rosa 'Félicité et Perpétue' 72
Rosa 'Graham Thomas' 134
Rosa 'Johanna Röpke' 58
Rosa 'Kathleen Harrop' 31
Rosa 'Marguerite Hilling' 24
Rosa 'Orange Triumph' 59
Rosa 'Paul´s Scarlet Climber' 59
Rosa 'Pink Cloud' 56
Rosa 'Rosarium Uetersen' 58
Rosa 'Schneewittchen' 153
Rosa 'Seagull' 92
Rosa 'Zéphirine Drouhin' 31
Rose 21, 24, 30, 31, 34, 56, 58, 59, 64, 72, 76, 77, 91, 123, 127, 131, 134, 135
Rosenbögen 66
Rosenspalier 74
Rotbuche 34, 118
Roteiche 45
Rottanne 91
Rotzeder 31
Rubus henryi 76

Index

S

Sagina subulata 52
Salbei 148
Salix 76, 91
Säule 65, 88
Saxifraga paniculata 52
Schaublatt 151
Schaumblüte 84
Scheinkamelie 133
Scheinzypresse 31, 91
Schildblatt 84, 116, 142
Schilf 110, 113, 143
Schlangenhautahorn 91
Schlingpflanzen 80, 135
Schmetterlingsstrauch 130
Schmucklilie 39, 100
Schneeball 34, 126
Schneeglöckchen 15, 68, 69, 83
Schnitthecken 31, 119
Schnurbaum 91
Schönfrucht 131
Schwertlilie 73, 91, 112, 117, 141
Sedum spurium 52
Seerose 112, 113, 140, 143, 144, 145
Sicheltanne 31, 91
Silberblatt 87
Skulptur 18, 41
Solanum crispum 'Glasnevin' 134
Solidago 149
Solitär 20, 71, 83, 87, 88, 99, 102, 107, 114, 124, 125, 126, 127, 128, 129, 131, 138, 141, 148, 149, 151
Sonnenblume 150
Sonnenhut 149, 150
Sophora 91
Sorbus aucuparia 31, 91
Spalier 32, 56
Sparganium erectum 143
Spiegel 17, 62, 88, 107, 113, 114
Spierstrauch 34, 125
Spindelstrauch 76, 91
Spiraea 34, 125
Stachelnüsschen 52
Stangenbohne 135
Statue 17, 18, 21, 46, 52, 57, 59, 63, 67, 72, 80, 83, 88, 91, 102, 106, 113
Stauden 12, 21, 40, 63, 67, 85, 132, 137, 141, 143, 146, 149, 150, 151, 152
Staudenbeet 14, 18, 67, 71, 110, 146
Stechpalme 31, 34
Steingarten 18
Steingartenpflanze 52
Steinkraut 52
Steppengräser 137
Steppenkerze 150
Sterndolde 147
Stewartia pseudocamellia 133
Stipa barbata 137
Stockrose 147
Strahlengriffel 24, 76
Strauchbeet 63, 125
Straucheibisch 131
Strauchrose 131
Sumpfdotterblume 145
Sumpfschwertlilien 144
Sumpfsegge 143
Süntelbuche 91
Syringa 34, 128

T

Taglilie 88, 141, 151
Tamariske 91
Tamarix 91
Taxus baccata 31, 33, 45, 47, 74, 76, 91, 118
Teak 80, 93, 96, 99, 102, 103
Teich 21, 63, 73, 105, 106, 107, 109, 110, 111, 113, 114, 130, 137, 140, 143, 144, 145, 151
Teichbecken 21, 107, 111, 115, 143
Terrakotta 55, 91, 148, 152, 154
Terrakottakübel 18, 52, 108
Terrasse 10, 18, 42, 51, 54, 55, 71, 89, 92, 95, 113, 154
Thuja 31, 118
Thunbergia alata 134
Thymus serpyllum 52
Tiarella 84
Tränendes Herz 71, 141, 142
Trapa natans 143
Treppe 21, 39, 50, 53, 54, 55, 59
Trichterfarn 141
Trittsteine 112, 127
Tropaeolum 135, 136
Tulipa 26, 65, 70, 106, 113, 154
Tulpe 18, 26, 34, 65, 70, 113, 148
Türkischer Mohn 151
Typha 143

V

Vergissmeinnicht 26, 34
Veronica beccabunga 143
Viburnum 34, 126, 128
Vitis 24, 76, 135

W

Wacholder 91
Waldgräser 137
Waldrebe 24, 25, 76, 77, 135
Wasserfall 111, 113
Wasserlauf 63, 111, 114
Wasserminze 143
Wassernuss 143
Weide 91
Weidenhütte 83
Weiderich 151
Weigela 34, 131
Weigelie 34, 131
Wein 24, 76, 80, 135
Weißblattfunkie 141
Weißtanne 31
Wiesengräser 137
Wilder Wein 24, 76, 80, 135
Wildrosen 34, 123
Winterjasmin 76, 135
Wisteria 24, 48, 76, 135, 136
Wisterien 80
Wolfsmilch 39, 153
Wurmfarn 141

Z

Zaubernuss 82
Zäune 23, 31, 32, 34, 71, 150
Ziegelsteine 6, 10, 31, 32, 42, 51, 52, 55, 67, 88, 99, 105, 154
Ziergräser 81, 137
Zierkürbis 135
Zierlauch 33, 65
Zierquitte 34, 125
Zierrhabarber 141
Zimtahorn 91, 133
Zimterle 133
Zitronenbäumchen 18, 154
Zwergmispel 52, 91
Zwiebelpflanze 124, 148, 149, 150

Originalausgabe Becker Joest Volk Verlag

© 2004 Alle Rechte vorbehalten

2. Auflage Februar 2005 (3.000)

ISBN 3-9808977-2-9

Text: Wolfgang Hensel

Fotos: Jürgen Becker

Layout, Typografie, Satz, Bildbearbeitung, Lithografie, Makro Chroma Werbeagentur, Hilden

Scans und Druck: Das Druckhaus Beineke Dickmanns GmbH, Kaarst

Buchbinderische Verarbeitung: Postkonfekt GmbH, Darmstadt

Für die unermüdlichen Bemühungen um den Erfolg und die außerordentliche Qualität dieses Buches

danken wir unseren Mitarbeitern Ilona Schyma (verantwortl.), Christiane Elbert und Stephanie Leidig,

unserem engagierten Vertriebsteam Claudia Wilke, Eva Lanz-Ruck und Volker Hoebel,

den Mitarbeitern und Uli Beineke von Das Druckhaus sowie Birgit Eikenbusch, Dieter Seggewiß,

Oliver Marten und den anderen Mitarbeitern der Verlagsauslieferung Runge für hervorragende

Unterstützung unserer Projekte und unseres Verlags.

Hilden, den 25.02.2005

Becker Joest Volk Verlag